दास्तान-ए-राम

दास्तान-ए-राम

रूपान्तर एवं आलेख

दानिश इक़बाल

वाणी प्रकाशन

प्रथम संस्करण : 2023

वाणी प्रकाशन
4695, 21-ए, दरियागंज, नयी दिल्ली 110 002
फ़ोन : +91 11 23273167 फ़ैक्स : +91 11 23275710
शाखाएँ
अशोक राजपथ, पटना 800 004, बिहार
कॉफ़ी हाउस कैम्पस, महात्मा गांधी मार्ग, इलाहाबाद 211 001, उत्तर प्रदेश
महात्मा गांधी अन्तरराष्ट्रीय हिन्दी विश्वविद्यालय, वर्धा 442 001, महाराष्ट्र
36/ए, शेक्सपीयर सरणी, रानी बिरला गर्ल्स कॉलेज के पास, कोलकाता 700 017, प. बंगाल
www.vaniprakashan.com
marketing@vaniprakashan.in
sales@vaniprakashan.in

Daastan-e-Ram
Transformation & Script by Danish Iqbal
ISBN : 978-93-5518-473-3
Play

मूल्य : ₹150

सिटी प्रेस, दिल्ली-110 095 में मुद्रित

वाणी प्रकाशन का लोगो मक़बूल फ़िदा हुसेन की कूची से

समर्पण

कौन कहता है कि दुनिया से हमारा ईमान उठ गया!
ईमान की बात यह है कि
यह बेईमान दुनिया उसकी मासूमियत को पसन्द न आयी
'बेताब' सर के 'अमर' की तरह अचानक
अनादि के धुँधले हुस्न में रूपोश हो गया
हो सकता है लुकाछुपी खेल रहा हो...
हो सकता है हँसते हुए अचानक वापस आ जाये
तभी तो नज़रें उसे हर फूल में तलाश करती हैं
आ जाओ ईमान!!... अब छुपने की बारी हमारी है!!!

राम ही राम

हर मन में राम
कण कण में राम
मुझ में भी राम
तुझ में भी राम
इस में भी राम
उस में भी राम
अब राम ही राम
सब राम ही राम
अहिल्या की रिहाई राम
शबरी बेर मिठाई राम
केवट की भक्ति राम
अंगद की शक्ति राम
यहाँ भी हैं राम
वहाँ भी हैं राम
अब राम ही राम
सब राम ही राम
हनुमान के सर्वस्व राम
सुग्रीव के वर्चस्व राम
दशरथ के दुलारे राम
भरत के प्यारे राम
तल में भी राम
जल में भी राम
अब राम ही राम

सब राम ही राम
लक्ष्मण के मीत राम
सीता की प्रीत राम
लव के आदर्श राम
कुश के हर्ष राम
आकाश में भी राम
प्रकाश में भी राम
अब राम ही राम
सब राम ही राम

-मृदुला घई

दो शब्द

क्लासिकी उर्दू मुहावरे में रामायण को पेश करना एक विशाल और चुनौतीपूर्ण काम था जो किसी सपने के समान बार–बार मन में आता रहता था। दुर्भाग्य से, रामायण की वैकल्पिक प्रस्तुतियाँ बहुत अधिक नहीं थीं और इसलिए यह कार्य बहुत बड़ा था। बार–बार यह विचार भी आता था कि यह प्रस्तुति काव्यात्मक शैली में होनी चाहिए। कई शायर दोस्तों ने सहायता के वादे भी किये, लेकिन कुछ ख़ास प्रगति नहीं हो पायी। अन्त में और कोई रास्ता न देख पुरानी उर्दू शायरी का सहारा लेना पड़ा, जिसमें दस साल से अधिक का शोध और संग्रह का काम किया गया।

यह वास्तव में हैरान करने वाली बात थी कि रामायण जैसी मनो. रम मानवीय रचना को एक संस्कृति और मुहावरे तक सीमित क्यों रखा गया। इस बात से भला कौन इनकार कर सकता है कि रामायण मानवीय रिश्तों, सपनों, प्रयासों, सफलताओं और असफलताओं की कहानी भी है। जिसका आन्तरिक नैतिक कम्पास हमेशा ब्रह्माण्डीय नैतिक सद्भाव की ओर इशारा करता है यानी यह सारी दुनिया के लिए भी तो है और होनी ही चाहिए।

इस महाकाव्य का उर्दू संस्करण और प्रस्तुति एक अकथनीय और अजीब से सांस्कृतिक शून्य को भरने की कोशिश करता है। हमने उर्दू के उस्ताद शायरों और क्लासिक उर्दू की सुन्दर और शक्तिशाली कल्पना और गीतात्मक शब्दावली का उपयोग किया है जो हमें एक अद्भुत सौन्दर्य यात्रा पर ले जाते हैं, जो नयी भी है और अनदेखी भी।

इसके सार को बनाये रखने के लिए हमने इसे एक काव्य थ्रिलर के रूप में प्रस्तुत करने का फ़ैसला किया, जो इसके सार्वभौमिक सन्देश को नये आयाम देता है।

-दानिश इक़बाल

प्रस्तावना

दौर बदला, सियासत बदली। इन्सान की पहचान उसके मज़हब से की जाने लगी नफ़रतों का कारोबार छलाँग लगाने लगा। हिन्दुस्तान के जद्देअमजद और बक़ौल अल्लामा इक़बाल 'इमामे हिन्द' 'राम' को सियासी अलम बरदारों ने झाँकियों और जुलूसों का हिस्सा बना दिया। इस धुन्ध में मेरे अन्दर मौजूद कलाकार, थियेटर के ज़रिये सच को उजागर करने वाला इन्सान, बेचैन होने लगा। तलाश शुरू हुई, ऐसे लोगों को साथ लाने की जो गहरे होते इस कुहासे को छाँटने में मेरी मदद करें, जिससे नफ़रतों के दौर में, मोहब्बत का पैग़ाम, गंगा–जमुनी तहज़ीब का अलम बरदार बना जा सके। चूँकि सालों साल से मैं थियेटर से जुड़ा रहा और मेरे थियेटर ग्रुप बफ़्टा (बेनहर फ़ोरम फ़ॉर थियेट्रिकल आट्र्स) का जुड़ाव नेशनल स्कूल ऑफ ड्रामा के लोगों से बख़ूबी बना हुआ था, सो दिल्ली का रुख़ किया। दिल्ली के जोकर थियेटर ग्रुप के निदेशक संदीप करतार सिंह से मिला। कनाट प्लेस को एक रेस्त्राँ में बैठे–बैठे डॉक्टर इक़बाल की मशहूर नज़्म राम : इमामे हिन्द पर तज़किरह शुरू हुआ, बात आगे बढ़ी। संदीप ने मुझे मुस्तजाब मलिक तक पहुँचाया, जहाँ यह तय पाया गया कि 'रामायण' के कुछ हिस्सों को उर्दू ज़ुबान में लाया जाये और उसको नाटक की शक्ल में मुल्क के हर शहर में स्टेज किया जाये। जामिया मिल्लिया इसलामिया के प्रोफ़ेसर दानिश इक़बाल को हमवार किया गया। वो तपाक से तैयार भी हो गये और महीनों की मेहनत के बाद 'दास्तान–ए–राम' की स्क्रिप्ट तैयार हुई और फिर उसे स्टेज पर लाने की तमाम कोशिशें शुरू हो गयीं।

अगर मैं यह कहूँ कि मैं तो तनहा चला था जानिबे मंज़िल मगर लोग साथ आते गये और कारवाँ बनता गया, तो ग़लत न होगा। जिस जामिया मिल्लिया को तशद्दुद का गढ़ साबित करने की नाकाम कोशिशें, फ़िरक़ापरस्त ताक़तें कर रही थीं, उसी जामिया के एम्फी थियेटर में उर्दू में 'दास्तान–ए–राम' को स्टेज करने की तैयारी शुरू हुई। ऑडिशन हुए, कलाकार फ़ाइनल हुए, रिहर्सल शुरू हुए। राम की कहानी बा–आवाज़े बुलन्द पढ़ी गयी, सुनी गयी, सुनायी गयी। एम्फीथियटर थियेटर की सीढ़ियों पर जामिया के तालिब इल्म, अपने ख़ाली वक़्त में बैठ कर तारीख़ बनते देखते, तालियाँ बजाते, जय सियाराम के नारे सुनते और अज़ान की आवाज़ सुनते ही मस्जिदों की तरफ़ दौड़ जाते। भरतनाट्यम, कथक, छऊ के रिहर्सल, हों या राजा दशरथ की मौत की ख़बर पर मरसिया, 'राम' की तारीफ़ों में मनक़िबत या नज़्म कुछ भी हो, जामिया की दीवारों ने सबका इस्तेक़बाल किया। 'रामायण' आहिस्ता– आहिस्ता 'दास्तान–ए–राम' की शक्ल इख़्तियार करती गयी, जिसे दिल्ली के श्री. राम सेंटर ऑडिटोरियम में पहली बार स्टेज किया गया। इसके बाद इलाहाबाद, वाराणसी और लखनऊ में 'दास्तान–ए–राम' के बहुत ही सफल मंचन हुए। देश की मीडिया ने भी इस ऐतिहासिक कार्य को कन्धों पर उठा लिया और सब की मेहनत साकार हुई। महामारी की आमद ने इस 'दास्तां' के मंचन पर कुछ दिनों के लिए रोक ज़रूर लगा दी, लेकिन राम का नाम और 'दास्तान–ए–राम' की चर्चा बख़ूबी जारी है। दानिश इक़बाल की इस ऐतिहासिक कोशिश को पुस्तक के रूप में देखकर मुझे ही नहीं, पूरे देश और समस्त समाज को बेहद ख़ुशी होगी। मैं अपनी बात को नाज़िम नक़वी की उस नज़्म की पंक्तियों से ख़त्म करता हूँ जो हिन्दुस्तान में गंगा–जमुनी तहज़ीब के क़ायम और दायम रखने की आरज़ू बयान करती है।

"यहाँ ऐसे दिन भी होते थे
तुलसी मस्जिद में सोते थे

लौटा दो प्रभु वो दिन मेरे
वो प्रीत भरे पल छिन मेरे
रहिमन के राम ने भेजा है
तुलसी को बुलाने आये हैं
हे राम तुम्हारे चरणों में
हम शीश नवाने आये हैं।"

-तारिक़ ख़ान
प्रोड्यूसर, 'दास्तान–ए–राम'

तारिक़ ख़ान
(निर्माता)

14 जनवरी, 1962 को इलाहाबाद में जन्मे, शिक्षा के क्षेत्र में इंटरनेशनल आईकॉन अवॉर्ड से सम्मानित, मोहम्मद तारिक़ ख़ान, इलाहाबाद विश्वविद्यालय से स्नातकोत्तर हैं। उन्होंने अपने करियर की शुरुआत एक पत्रकार के रूप में की थी। प्रतिष्ठित समाचार पत्रों और पत्रिकाओं के लिए काम करते हुए, वे प्रतिष्ठित समाचार पत्रिका 'शमाया' के सम्पादक बने और तदुपरान्त पत्रकारिता त्याग कर शिक्षा–क्षेत्र में प्रवेश किया। उन्होंने इलाहाबाद और कानपुर में गुणवत्तापूर्ण शिक्षा के लिए स्कूलों की स्थापना की, जो पिछले तीन दशकों से शिक्षा प्रदान कर रहे हैं। उनके बेनहर स्कूलों ने भारत और विदेशों में सी. आई.एस.सी.ई स्कूलों की बिरादरी में बहुत सम्मान अर्जित किया। वे फ़ारुक़ जुनून फ़ाउंडेशन के संस्थापक भी हैं, जो हर साल न केवल 'पियरलेस' नामक पुरस्कार प्रदान कर के भाषा, साहित्य, विज्ञान, कला और चिकित्सा के क्षेत्र में लोगों के योगदान को सराहती है, बल्कि ज़रूरत के समय में लेखकों, विचारकों और शिक्षकों की मदद भी करती है। वे ज़ाहिदा फ़ाउंडेशन के संस्थापक भी हैं जो सामाजिक सेवाओं को प्रोत्साहित करती है। ज़ाहिदा फ़ाउंडेशन इलाहाबाद के कई स्लम स्कूलों की देखभाल भी करती है। वे बेनहर फोरम फॉर

थियेट्रिकल आर्ट्स (BFTA) के संस्थापक भी हैं जो स्कूल और स्कूलों के बाहर भी थियेटर को प्रोत्साहित करने और सहायता करने में व्यस्त हैं। उनकी इसी संस्था बफ्टा ने जोकर थियेटर ग्रुप के साथ मिलकर उर्दू में राम की कहानी 'दास्तान–ए–राम' का प्रोडक्शन किया। वे एक सक्रिय रोटेरियन भी हैं।

निर्देशक

रामलीला गुरु मुस्तजाब मलिक का जन्म ए.म.यू. के इतिहास के प्रो. ज़हीरुद्दीन मलिक के यहाँ हुआ। इनके करियर की शुरुआत क्षेत्रीय नौटंकी कम्पनी और रासलीला में एक अभिनेता के तौर पर हुई। तद्उपरान्त आपने बृज व हाथरस की रामलीला के उत्थान के लिए अपना जीवन समर्पित कर दिया। बाद में हबीब तनवीर के नया थिएटर को जॉइन किया, जिसमें आपने निम्न नाटकों में काम किया

चरण दास चोर, देख रहे नैन, कामदेव का सपना वसन्त ऋतु का अपना, सड़क, इसके साथ आपने राजीव सेठी जी के साथ काम किया। इसके बाद आपने दया प्रकाश सिन्हा के सान्निध्य में स्नेह भारती में रिपेट्री चीफ़ के तौर काम किया, जिसमें आपने निम्न नाटकों में काम किया। कथा एक कंस की, मेरे भाई मेरे दोस्त, इसके बाद आपने थिएटर निर्देशक के तौर पर कई देशीय और विदेशी संस्थाओं के लिए काम किया जैसे टाटा पॉवर, महिंद्रा आदि जिसके नाटक निम्न है। बहुत अँधेरा है, कही किसी मोड़ पे, रिकॉल, दिल्ली जो एक तहज़ीब का मरकज़ था, इसके बाद आपने जोकर थिएटर ग्रुप के लिये 'दास्तान–ए–राम' का निर्देशन किया। आपको भारत सरकार सांस्कृतिक मन्त्रालय ने रासलीला परम्परा पर फ़ैलोशिप से सम्मानित किया।

मुस्तजाब मलिक सुप्रसिद्ध फिल्म निर्देशक हैं, आपने टकीला और गॉड मस्ट डाई नामक फिल्मो का निर्देशन किया है इन्होंने रेख़ता फाउंडेशन

के मजाज़ नामक वेबसीरीज का निर्देशन हुमा ख़लील जी के साथ किया। दूरदर्शन एवं ज़ी टीवी के लिए एक निर्देशक के तौर पर काम किया। इसके साथ ही आपने राज्य सभा चैनल के लिए भी काम किया। आपके प्रमुख काम इस प्रकार हैं—महामना—पं. मदन मोहन मालवीय, बाज़ार करते हैं बातें नये पुराने ज़माने की, चिराग़—ए—हिन्द, राजा नाहर सिंह, काल, किताब की कहानी, कपड़े का सफ़र आदि।

जिस शख़्सियत ने दास्तान—ए—राम, दुनिया को पहली बार सुनाई, वो मेरी निगाह में इस धरती का अज़ीम दास्तानगो है, जीवनी लेखक या दुनिया का पहला युद्ध इतिहासकार है। जिन्हें दुनिया के लोग वाल्मीकि जी के नाम से याद करते हैं।

निर्देशक की क़लम से : भगवान राम से मेरी पहली मुलाक़ात कक्षा आठ में हुई थी, हुआ यह था कि एक रोज़, एक ताँगा गाड़ी जो अपने चारों तरफ़ फ़िल्म त्रिशूल के पोस्टर बाँधकर लाउडस्पीकर से चिल्ला—चिल्लाकर कहता जा रहा था कि अमिताभ बच्चन का नया शाहकार त्रिशूल अलीगढ़ में चालू और शुरू होने जा रहा है। मैं और मेरी बंगाली साइकिल उस ताँगे से बँधी—बँधी अलीगढ़ के बन्नादेवी इलाक़े जा पहुँची, वहाँ रामलीला की रिहर्सल चल रही थी। अजब मंज़र था, चार पलंग इधर—उधर स्टेज के विंगसकी तरह खड़े थे। एक लड़का साइकिल पर हेडलाइट्स से लाइट और डिमर इस्तेमाल करने की जद्दोजहद में लगा था और जो लड़का अमिताभ बच्चन का रोल करना चाहता था, उसे राम का अन्दाज़ नहीं हासिल हो पा रहा था, लक्ष्मण साहब तो कभी शशि कपूर तो कभी धर्मेन्द्र की बेइज़्ज़ती पर उतारू थे। मैं और मेरी साइकिल, बस हम दो दर्शक थे। इस रिहर्सल के चलते—चलते, न जाने कब चुपचाप से रात वहाँ आकर खड़ी हो गयी और उसी शाम—व—शब के धुँधलके में न जाने कब न जाने कैसे, दास्तान—ए—राम, मुझे छूकर गुज़र गयी।

कलाकारों ने मुझे सबुनि गुट्टा खिलाया और कुछ खिलौने घर ले जाने के लिए भी दिये। घर वापसी पर मेरे घर वालों ने मुझे एक

लम्बा–चौड़ा व्याख्यान रामायण पर सुना दिया। वो बोले कि अगर भगवान राम वनवास न जाते और राज महल में राज पाट करते तो राक्षसों को कौन फ़ना करता? वालिद साहब प्रो. ज़हीरुद्दीन मालिक जो कि एएमयू में इतिहास के टीचर थे। बोले कि राम को समझना है तो सारे दरवाज़ों को खोलना होगा, आज़ाद होना होगा, अगर शून्य नहीं होंगे तो ज्ञान प्राप्त नहीं होगा। वह फ़लसफ़ा मेरी उम्र और समझ से दूर था, लेकिन अब मैं राम के क़रीब था।
इस तरह मेरी पहली मुलाक़ात भगवान राम और रामायण की प्रदर्शन परम्परा से हुई और यहीं से शुरू हुआ एक ख़्वाब, जिसकी ताबीर मेरे हाथ में नहीं थी।

मैं बचपन से ही स्थानीय नौटंकी (हाथरस), रासलीला (ब्रज) और रामलीला जैसी परम्पराओं के साथ जुड़ा रहा और आज भी उत्तर प्रदेश के अलग–अलग शहरों में रामलीला परम्परा से जुड़ा हूँ और कॉनटेम्प्रेरी नाटक भी करता हूँ।

–मुस्तजाब मलिक
निर्देशक

संदीप करतार सिंह

कला निर्देशक, अभिनेता (राम)

संदीप करतार सिंह का जन्म पश्चिमी उत्तर प्रदेश के एक सांस्कृतिक परिवार में हुआ। मंच से साक्षात्कार पाँच साल की आयु में हुआ जब ये अपने नाना जी श्री कंटु जी के साथ शंकरपुरिया मण्डली में काम करने पहुँचे। उसके बाद आपने कभी मंच का साथ नहीं छोड़ा। रामलीला में भगवान् राम का किरदार इन्होंने बचपन से ही अनगिनत मंचों पर प्रदर्शित किया। पश्चिमी उत्तर प्रदेश की लोक कलाओं सांग, नौटंकी और रागनियों में भी ये बचपन से ही बढ़–चढ़ के भाग लेते रहे। उसके बाद इन्होंने हबीब तनवीर जी और बैरी जॉन के साथ थिएटर का विधवत् प्रशिक्षण प्राप्त किया। माइम गुरु निरंजन गोस्वामी जी के साथ माइम का प्रशिक्षण प्राप्त किया इसके अलावा उन्होंने लगभग दस साल दिल्ली के अन्य निर्देशकों के साथ काम किया जिसमें श्री भानु भारतीय, बिपिन कुमार, विदुखारे दास आदि के नाम मुख्य है तदुपरान्त उन्होंने जोकर थिएटर ग्रुप की स्थापना की। जोकर थिएटर ग्रुप दिल्ली स्थित पंजीकृत ग़ैर–लाभकारी राष्ट्रीय संस्था है। जोकर थिएटर ग्रुप को दिल्ली में एक महत्त्वपूर्ण कलात्मक एवं रचनात्मक केन्द्र माना जाता है। सांस्कृतिक जगत में जोकर थिएटर प्रशिक्षण एवं प्रदर्शन तथा नयी प्रतिभाओं जैसे अभिनेता, लेखक एवं निर्देशकों को मंच प्रदान करने के लिए एक बड़ा केन्द्र रहा है। साथ–साथ जोकर

थिएटर पेशेवर कलाकारों के साथ भी नये–नये नाटकों का मंचन करता रहा है।

थियेटर सबसे मज़बूत माध्यम होता है बदलाव के लिए, चुनौतियों के लिए, आज़ादी के लिए, जिसकी लगातार जद्दोजहद चलती रहती है और बदलते वक़्त का तक़ाज़ा है कि स्टेज प्रोडक्शन और एक्टिंग तकनीक को भी बदल दिया जाये। ये थी संदीप करतार की मानसिकता, जिस समय उन्हें दास्तान–ए–राम में अभिनय करने का मौक़ा मिला था, वो भी भगवान राम का किरदार, उनके लिए यह काम मुश्किल था, बहुत मुश्किल। पहले तो यह तय करना था कि उन्हें भगवान राम का रोल करना है या कैरेक्टर। एक्टिंग प्रोसेस में, सबसे पहले संदीप किसी भी किरदार का आन्तरिक चरित्र पकड़ते हैं, फिर किये जाने वाले किरदार की लाइंस को अपनी लाइंस बनाते है, फिर उसके बाद वोकल साउंड, स्पीच, लहजा, बॉडी लैंग्वेज उसके बाद बाहरी चरित्र को पकड़ते हैं, जिसमें मेकअप आदि की भी मदद ली जाती है, लेकिन इस प्ले के सन्दर्भ में ये सब बातें इतनी आसानी से लागू नहीं होती थीं, क्योंकि इससे पहले उन्होंने रामायण देखी थी, पढ़ी थी और प्रदर्शित भी की थी, लेकिन यह शायद इकलौता ऐसा प्ले था जिसमें रामायण प्रदर्शित करनी थी, वो भी उर्दू ज़ुबान और शायरी में और यह उर्दू आम ज़िन्दगी में प्रयोग करने वाली नहीं थी। हर लफ़्ज़ का मतलब और तलफ़्फ़ुज़ समझने के लिए भी कई लोगों की मदद लेनी पड़ी। उर्दू पर पार–पाने के बाद दूसरी बड़ी चुनौती थी भगवान राम का किरदार क्योंकि भगवान राम का किरदार तो हर तरह से निभाया गया था, लेकिन जिस तरह से यहाँ निर्देशक प्रदर्शित करने जा रहे थे, वो अब तक नहीं किया गया था। इस प्रकार यह किरदार पूरी तरह से उन की कल्पना शक्ति पर ही निर्भर कर रहा था, लेकिन वो भी इतना आसान काम नहीं था, क्योंकि भगवान राम का वोकल साउंड और स्पीच पकड़ना उनकी पीढ़ी के अभिनेताओं के लिए मुश्किल काम था, क्योंकि आप अपने स्पीच और अभिनय को कितना भी अच्छा कर लें वो भगवान राम के आस–पास भी नहीं होगी

दास्तान-ए-राम :: 20

और ये ही शायद संदीप के लिए सबसे बड़ा चैलेंज था। दूसरी तरफ़ संदीप एक्टिंग टेक्नीक को लेकर भी कंफ़्यूज़ थे कि मॉडर्न एक्टिंग तकनीक प्रयोग करनी चाहिए या स्तानिस्लाव्स्की एक्टिंग तकनीक या माइकल चेखव एक्टिंग तकनीक या फिर नाट्यशास्त्र। वह इस असमंजस के समय से गुज़र ही रहे थे कि अचानक एक दिन उन्होंने मंच पर जाने से पहले प्रार्थना की जो वह अक्सर शो में जाने से पहले किया ही करते थे और उस दिन जैसे उनके सामने की सभी दुविधा छँट गयी। वो श्लोक इस प्रकार हैः

आंगिकम भुवनमयस्य
वाचिकं सर्व वाङ्ग्मयम
आहार्यं चन्द्र ताराधि
तं नुमःसात्विकं शिवम्

जब धीरे–धीरे रिहर्सल आगे बढ़ी तो सारे एक्टिंग सिद्धान्त जो संदीप ने पढ़े या प्रेक्टिस किये थे वो अपने आप ही इसमें प्रयोग होते गये। एक्टिंग भी गाड़ी चलाने जैसा होता है, जब हम गाड़ी चलाना सीखते हैं, तब कब गियर बदलना है, कब मोड़ काटना है, कब स्पीड़ बढ़ानी है या कब क्लच पर पैर रखना है, उसमें हम ज़्यादा कंसंट्रेट करते हैं, लेकिन जब हम गाड़ी चलाना सीख जाते हैं तो रोड के हिसाब से ही हमारा शरीर अपने आप हरक़त करने लगता है, वैसे ही हम जब एक्टिंग सीखते हैं तब बहुत सारी एक्टिंग तकनीक के बारे में पढ़ते हैं। बहुत सारी इंप्रोवाइज़ेशन और एक्टिंग एक्सरसाइज करते हैं, लेकिन जब हम स्टेज पर जाते हैं तब हमारा शरीर अपने आप ही एक्टिंग सिद्धान्त प्रयोग करने लगता है। उसके बाद धी. रे–धीरे संदीप ने भगवान राम के किरदार पर काम करना शुरू कर दिया और किरदार भी धीरे–धीरे अपना रूप लेना शुरू कर दिया लेकिन अब और चुनौती उनका इन्तज़ार कर रही थी। वह इस प्ले में क्रिएटिव डायरेक्टर भी थे तो उन्हें रोल करने के साथ–साथ उसे एक डायरेक्टर की नज़र भी देखना था, क्योंकि किसी सीन से आप

एक अभिनेता के तौर पर सहमत हो सकते हैं, लेकिन एक डायरेक्टर के तौर पर आपका नज़रिया बदल जाता है, क्योंकि डायरेक्टर का दृष्टिकोण व्यापक होता है और उसको पूरे प्ले को मद्देनज़र सोचना है। इसलिए बहुत से सीन से संदीप अभिनेता के तौर पर सहमत थे लेकिन डायरेक्टर के तौर पर नहीं। कई बार यह स्थिति उनके लिए बहुत कंफ़्यूजिंग होती थी, जिससे बाहर निकलने में उनकी मदद प्ले के डायरेक्टर मि. मालिक ने समय–समय पर की। इसके अलावा समय पर उनके दो सीनियर विधुखरे दास और दीप कुमार तथा साथी वीरेन्दर पुण्डीयाल ने भी भगवान राम का किरदार निभाने में बहुत मदद की। दानिश इक़बाल जी की लेखनी और तारिक़ ख़ान जी के सान्निध्य के बिना दास्तान–ए–राम करना शायद उनके लिए असम्भव होता।

राम कहानी

राम हमारे जनमानस में गहराई से बसे हैं। वह किसी विशेष धर्म के न होकर सभी धर्मों के भारतवासियों की साझा संस्कृति का अभिन्न अंग हैं। हमारा बचपन उनकी कहानी सुनते, रामलीला देखते बीतता है, हम अभिवादन के लिए राम राम या जय रामजी की कहते हैं और मृत्यु को राम नाम सत्य कह दिया जाता है। संस्कृत, हिन्दी, उर्दू, विदेशी और क्षेत्रीय भाषाओं की रामकथाओं में मूल कथा समान रहने के बावजूद पात्रों और घटनाक्रम में विविधता देखने को मिलती है। कई दिन की अवधि में दिखाई जाने वाली रामलीलाओं में राम के जीवन की मुख्य घटनाओं को सरल, सहज भाषा और रोचक शैली में प्रस्तुत किया जाता है।

पिताजी से उनके बचपन में हरियाणा के एक छोटे से गाँव में देखी रामलीला की यादों को साझा करने को कहा तो उन्होंने बताया, "लगभग अस्सी साल पहले ब्रज से रामलीला करने वाले हर साल गाँव में आया करते थे। दस–पन्द्रह दिन तक बहुत उल्लास के साथ रामलीला के सब पात्रों द्वारा बहुत सुन्दर अभिनय किया जाता था। एक स्टेज बनाया जाता था। गाँव के अधिकांश लोग, बच्चे, बूढ़े और जवान एकत्र हो जाया करते थे। हम उन कलाकारों के आने का इन्तज़ार करते रहते थे। उस तरह का मंचन वहाँ अब नहीं है क्योंकि सिनेमा और टेलीविज़न की वजह से लोग घर बैठकर रामलीला देखने लगे हैं। उत्तर प्रदेश के उन कलाकारों ने भी आना बन्द कर दिया है।" प्रेमचन्द की एक कहानी 'रामलीला' है जिसमें रामलीला मंचन के दौरान वेश्याओं के नृत्य के आयोजनों का ज़िक्र है। लेखक सामाजिक व्यवस्था

और अपने पिता से नाराज़ है क्योंकि राम का अभिनय करने वाले पात्र को मेहनताना तक नहीं दिया जाता है जबकि वेश्या को अशर्फ़ी लुटा दी जाती है। लगभग नब्बे वर्ष पूर्व जामिया मिलिया इस्लामिया में रहकर 'कफ़न' लिखने के दौरान प्रेमचन्द ने वहाँ उर्दू में रामलीला के मंचन की इच्छा व्यक्त की थी। दास्तान–ए–राम के माध्यम से उनके उस सपने को पूरा किया गया।

भारत और विदेश में रामकथा अनेक भाषाओं में लिखी गयी है। महाकाव्य रामचरितमानस में तुलसीदास ने लिखा है–''रामचन्द्र के चरित सुहाये। कलप कोटि लगि जाहिं न गाये।'' इसमें उर्दू के कई शब्द आते हैं। 'गयी बहोर ग़रीब नेवाजू।' फ़ादर कामिल बुल्के ने 1982 ई. में लिखा है, "मेरे एक मित्र ने जावा के किसी गाँव में एक मुस्लिम शिक्षक को रामायण पढ़ते देखकर पूछा था कि आप रामायण क्यों पढ़ते हैं? उत्तर मिला, "मैं और अच्छा मनुष्य बनने के लिए रामायण पढ़ता हूँ।" अल्लामा इक़बाल ने राम की शान में कहा है–"है राम के वजूद पे हिन्दोस्ताँ को नाज़, अहले नज़र समझते हैं उसको इमामे हिन्द।" उर्दू में रामकथा पर आधारित नाटक 'दस्ताए–ए–राम' को, रंग मंच की मजबूरियाँ के तहत मात्र डेढ़ घण्टे में समेट दिया गया है। उर्दू में रामलीलाएँ पहले से होती रही हैं, लेकिन उर्दू की काव्यात्मक और संगीतमय प्रस्तुति इसी रामलीला में है। दानिश इक़बाल के अनुसार–"यह वास्तव में हैरान करने वाली बात थी कि रामायण जैसी मनोरम मानवीय रचना को एक संस्कृति और मुहावरे तक सीमित क्यों रखा गया। इस बात से भला कौन इनकार कर सकता है कि रामायण मानवीय रिश्तों, सपनों, प्रयासों, सफलताओं और असफलताओं की कहानी है जिसका आन्तरिक नैतिक कम्पास हमेशा ब्रह्माण्डीय नैतिक सद्भाव की ओर इशारा करता है। इस महाकाव्य का उर्दू संस्करण और प्रस्तुति एक अकथनीय और अजीब से शून्य को भरने की कोशिश करता है।"

प्रोफ़ेसर दानिश इक़बाल जामिया मिलिया इस्लामिया के मास कम्युनिकेशन रिसर्च सेंटर में प्रोफ़ेसर हैं। वह प्रसिद्ध रंगमंच व्यक्तित्व हैं।

वह ऑल इंडिया रेडियो से भी जुड़े रहे, जहाँ उन्होंने एफ़एम गोल्ड चैनल की स्थापना की। उन्होंने ऑल इंडिया रेडियो की सेंट्रल ड्रामा यूनिट में प्रोड्यूसर–इन–चार्ज़ के रूप में, रेडियो कश्मीर में प्रोग्राम एग्ज़ीक्यूटिव के रूप में और रेनबो इंडिया चैनल के ऑफ़िसर–इन–चार्ज के रूप में भी काम किया है। दानिश इक़बाल ने उर्दू में राम के जीवन पर लिखी बहुत–सी पुस्तकों का गहन अध्ययन करके दस वर्ष के अथक परिश्रम और शोध के पश्चात 'दास्तान अपने राम जी की' (दास्तानगोई शैली में) तथा इस मंच नाटक के आलेख को रूपान्तरित किया है। उन्होंने 33 नाटकों का लेखन किया जिनमें से 'दारा शिकोह' एंटी नेशनल ग़ालिब, 'सर इक़बाल', 'मुग़ल बच्चा', 'एक कुत्ते की कहानी', 'अमृता–ए–सबलाइम लव स्टोरी', 'साहिर', दिल्ली जो एक शहर था। 'सारा का सारा आसमान' 'चन्द रोज़ और मेरी जान' 'कुछ इश्क किया कुछ काम' 'गुब्बारे की उड़ान' और 'दारा शिकोह और रानादिल', शेक्सपियर के नाटक का रूपान्तरण, 'दो दीवाने एक शहर में, का सफल मंचन हुआ। दास्तानगोई शैली की प्रस्तुतियों के लिए के लिए 'दास्ताने–गाँधी' 'दास्ताने–ग़ालिब', 'दास्ताने–महाभारत, 'दास्ताने–कबीर, 'दास्ताने–सर सैयद, 'दास्ताने–राधा–कृष्ण, 'दास्ताने–सिन्दबाद, 'दास्तान अपने रामजी की, 'दास्ताने–बाबा नानक, 'दास्ताने–साहिर, 'दास्ताने–बेग़म अख़्तर की स्क्रिप्ट्स लिखीं। 'दास्ताने–बॉलीवुड' में मीना कुमारी, मधुबाला, बिमल रॉय, साहिर लुधियानवी, मजरुह, कैफ़ी, नर्गिस, महबूब, नूरजहाँ, आदि कलाकारों के जीवन के बारे में लिखा है। नाटकों के लेखन, मंचन और वृत्तचित्रों की प्रस्तुति आदि के लिए अब तक 15 से अधिक पुरस्कार उन्हें मिले हैं। उन्हें 'एक्सीलेंस इन आट्‌र्स एंड मीडिया अवार्ड, जामिया एक्सीलेंस अवार्ड, फ़ारुक़ जुनून पीयरलेस अवार्ड', रेक्स कर्मवीर चक्र, नाटक लेखन के लिए नट सम्राट पुरस्कार, ग़ालिब पुरस्कार, नाटक 'जंगली बूटी' के लिए सर्वश्रेष्ठ रेडियो नाटक पुरस्कार, मोहन राकेश सम्मान, लोक सेवा प्रसारण पुरस्कार (तीन बार), सर्वश्रेष्ठ नाटक का पुरस्कार (तीन बार) दिये जा चुके हैं। वह दस से अधिक शैक्षणिक और सांस्कृतिक संगठनों के सदस्य या पदाधिकारी हैं।

वह अनेक नाटकों, स्टोरी टेलिंग प्रोडक्शंस और वृत्तचित्रों और टीवी श्रृंखलाओं की पटकथाएँ लिख चुके हैं। वह विभिन्न साहित्यिक समारोहों और कार्यक्रमों में नियमित प्रस्तुतकर्ता के रूप में भी योगदान देते रहते हैं।

दास्ताने–राम की कथा मुहावरेदार और सांकेतिक भाषा में लिखी गयी है। इसमें दास्तान गोई की काव्यात्मक शैली का इस्तेमाल किया गया है। दानिश इक़बाल स्वयं दास्तानगो के साथ बैठकर इस नाटक की दास्तानगोई करते हैं। इसकी प्रस्तुति में गहन अध्यन और शोध किया गया है। मर्सिया, नौहा और मनक़ेबत भी इस्तेमाल की हैं। इसमें हिन्दू और मुस्लिम कलाकारों ने भाग लिया है। इस रामलीला में ब्रज नारायण चकबस्त, बेताब बरेलवी, महाराजा प्रसाद बर्क़, सागर निज़ामी और पण्डित कैफ़ी की कृतियों को शामिल किया गया है। इसका एक उद्देश्य साम्प्रदायिक सद्भाव फैलाना भी है। दास्ताने राम का आरम्भ और अन्त राम की स्तुति से होता है। इसमें विशेष प्रभाव उत्पन्न करने के लिए, मर्सिया, नौहा और सोज़ को भी शामिल किया गया है। विरह और मृत्यु के मार्मिक दृश्य, श्रवण कुमार, दशरथ की मृत्यु, सीता और लक्ष्मण से विरह के बाद राम का विलाप, नागा मार्शल आर्ट, आर्ट फॉर्म्स का प्रयोग, एक अलग झलक दिखाता है। मर्दों के साथ औरतों को भी इसमें अहमियत दी गयी है। श्रवण कुमार की माँ, मन्दोदरी आदि इसकी अच्छी मिसाल हैं। मनोविज्ञान की झलकियाँ : राम जैसे मुख्य पात्र को असमंजस में दिखाया गया है। सिंहासन पर बैठूँ या पिता का वचन निभाऊँ। मोड़ के आगे दो–दो पथ हैं दशरथ को सज्जन दर्शाया गया है। मन्थरा, कैकेयी के अन्तर्मन को परिलक्षित करती है। सिर्फ़ उसके भड़काने से केकैयी इतनी क्रूर नहीं हो सकती थी, दिल में यही था।

दानिश इक़बाल की कलाकारों के साथ बैठकर दास्तानगोई से दास्तान–ए–राम शुरू होती है। इसमें कलाकार काव्यात्मक उर्दू भाषा में संवाद बोलते हैं तो कहीं सूफ़ी क़लन्दर और मलंग संगीतमय रामकथा 'राम जाने रामा ही जाने, राम जाने राम के काज हैं जग से निराले के

काज राम जाने राम' से रामलीला को आगे बढ़ाते हैं। राम वन गमन की पृष्ठभूमि मंच पर विराजमान कथाकारों की संवाद शैली में पूरी हुई। सूफ़ी मलंग की संगीतमय प्रस्तुति के बीच कलाकार आते हैं और भाव भंगिमा प्रदर्शित करके आगे बढ़ जाते हैं। श्रवण कुमार को तीर लगने, राजा दशरथ की मृत्यु, सीता हरण, लक्ष्मण को शक्ति लगने पर मजलिस शैली आदि दिल को छू लेते हैं। राम दशरथ संवाद, राम लक्ष्मण वार्ता, सीता रावण संवाद, उर्दू में शायराना अन्दाज़ में बोले गये हैं। श्रवण कुमार की मृत्यु, राम सीता विवाह, राम वनवास, भरत का राम से मिलने वन जाना, लक्ष्मण का मूर्छित होना, राम के अयोध्या में लौटने के बाद भरत मिलाप और अयोध्या में उत्सव का माहौल अतुलनीय और अविस्मरणीय प्रस्तुति पेश करते हैं। स्टेज पर ही भरतनाट्यम और कत्थक नृत्य के माध्यम से दिवाली मनायी गयी है। यह रामलीला के इतिहास में नये अध्याय के समान है।

अनेकता में एकता, दर्शाती इस प्रस्तुति के बारे में निर्माता तारिक़ ख़ान ने कहा–"यह रामलीला देश की एकता और अखण्डता व मर्यादा पुरुषोत्तम राम के आदर्शों को जन–जन तक पहुँचाने की कोशिश है।" दानिश इक़बाल कहते हैं–"हमें यह सोचना होगा कि रामलीला केवल हिन्दुओं द्वारा या केवल हिन्दुओं तक सीमित क्यों हो? सौ से अधिक रामलीला पर किताबें उर्दू में लिखी गयी हैं। उर्दू के बड़े शायरों ने राम के चरित्र के बारे में लिखा है। यह नाटक उन सभी कोशिशों के प्रति एक श्रद्धांजलि है, जिसे दृश्य सभागार में मंचित करना किसी चुनौती से कम नहीं है, लेकिन यह नाटक देश के विभिन्न आर्ट फ़ॉर्म के संगम तौर पर किया जायेगा। इसमें छाऊ, कथक, मार्शल आर्ट, कठपुतली, भरत नाट्यम व अन्य डांस फॉर्म प्रयोग किये गये हैं, ताकि दृश्यों में सजीवता के साथ इसे बेहतरीन तरीक़े से मंचित किया जा सके और नये दर्शक इससे जुड़ सकें।

इस रामलीला का पहला मंचन दिल्ली में श्रीराम सेंटर फ़ॉर परफ़ोर्मिंग आर्ट्स में हुआ। बेन्हर्स फ़ोरम फ़ॉर थिएट्रिकल आर्ट्स और जोकर थियेटर ग्रुप की संयुक्त प्रस्तुति द्वारा निर्माता तारिक़ ख़ान ने

प्रयागराज में नार्थ सेंट्रल ज़ोन कल्चरल सेंटर, बनारस में श्री नागरी नाटक मण्डली और लखनऊ में उत्तर प्रदेश संगीत नाटक अकादमी में मंचन कराया। चालीस कलाकारों की टीम में राम की भूमिका संदीप करतार सिंह ने, सीता की भूमिका शानफ़ा रहमान ने और लक्ष्मण की भूमिका मोहम्मद अदनान ने निभायी है। निर्देशक मुस्तजाब मलिक और कला निर्देशक संदीप करतार सिंह द्वारा किया गया है। कठपुतली की कोरियोग्राफ़ी गुंडू राजू द्वारा की गयी। कहीं–कहीं सूफ़ी क़लन्दर और मलंग भी संगीतमय प्रस्तुति देते हैं। लाइट और साउंड की बेहतरीन प्रस्तुति, पुनीता शर्मा की कोरियोग्राफ़ी, बॉबी त्यागी के मेकअप, जिनान हाश्मी की परिधान सज्जा ने इस रामलीला के मंचन को प्रभावी बनाया।

इस संगीतमय उर्दू रामलीला में शास्त्रीय और लोक नृत्यों की जुगलबन्दी देखने को मिलती है। मारीच वध डिजिटल तकनीक से पेश किया गया। लक्ष्मण का मूर्छित होना, हनुमान का संजीवनी बूटी लाने की लीला दास्तानगोई और ड्रामा तकनीक से पूरी हुई। नाभि पर बाण लगने और रावण का गिरना और गिरते हुए दशानन को राम द्वारा सँभालने के दृश्यों का मंचन बहुत रोमांचक है। हर दृश्य के समाप्त होने पर क़लन्दर मलंग उर्दू भाषा में भगवान राम की तारीफ़ करते हैं। जब वन में भरत राम को दशरथ की मृत्यु की ख़बर देते हैं तब मातम और मजलिस का अलग ही रंग सामने आता है। राम रावण युद्ध में रावण की सेना में कलाकार पारम्परिक भाला लेकर युद्ध करते दिखे। कर्नाटक की परछाई कठपुतली विधा आकर्षक दिखती है।

कैकेयी के साथ एक बुजुर्ग मन्थरा मंच पर आती है और इस दृश्य में महिला दास्तान–गो कैकेयी बन जाती है और एक युवती मन्थरा मंच पर प्रवेश करती है, जिसके साथ कई मन्थरा हैं, जो कि मास्क पहने हैं और कैकेयी को बरग़लाती हैं, यह दृश्य कंटमपेंरेरी डांस के ज़रिये दिखाया है निषाद प्रसंग को राम के बजाय भरत के साथ दर्शाया गया है। भरत निषाद से कहते हैं–"बेड़ा अगर हो पार तो सोने से तौल दूँ/ जाने ना पायें राम तो मुहँ माँगा मोल दूँ।" निषाद को नहीं लगता कि राम वन से अभी लौट जायेंगे, "पीछे पड़े हैं आप भी, माहे–तमाम के/

आयेगा कुछ ना हाथ, तआकुब में राम के।" लेकिन भरत के ज़ोर देने पर वह उन्हें नदी पार कराने के लिए मान जाता है।

शूर्पणखा का सरापा दिलचस्प है।

उलटे तवे पे नाक थी, औंधी पड़ी हुई
भट्टी से मुहँ पे भाड़ सी, चिमनी गड़ी हुई।

दास्तानगोई 13वीं शताब्दी की एक उर्दू मौखिक कहानी कला का रूप है। दास्तानगोई के बारे में उपन्यासकार इस्माइल क़ादरी ने कहा है–"ये किताब में लिखे हुए शब्द क्या हैं? ये तो बोले हुए शब्द की लाशें हैं। जो शब्द बोल दिया गया वे जिन्दा हैं। जो लिख दिया गया वह मर गया। दास्तान की फ़ारसी शैली 16वीं शताब्दी में विकसित हुई। इस नाटक में दास्तान गो सूत्रधार का काम करते हैं। वे अपने वर्णन से कहानी को आगे बढ़ाते हैं। कई जगह कोरस की तरह पृष्ठभूमि प्रदान करते हैं। युद्ध जैसी अनेक घटनाओं को सीधे न दिखा कर उन्हें गीतात्मक शैली में दिया गया है। वे भावनात्मक प्रभाव उत्पन्न करते हैं और दार्शनिक टिप्पणियाँ भी करते हैं।

गुज़रा है बज़्म–ए–हिन्द में ऐसा भी एक दौर
उनका था राज–काज में नाम–ओ–निशान–ए–जौर

राजतन्त्र पर टिप्पणी की गयी है। लोग अपने राजा से इतने खुश थे कि चुनाव की ज़रूरत ही महसूस नहीं हुआ करती थी। दास्तानगो कहता है–होता तो था चुनाव मगर नाम के बतौर/राजा कोई था और ना प्रजा कोई थी और

(सीता स्वयंवर चलचित्र के द्वारा दिखाया है और स्वयंवर में ये तीन दास्तान–गो भी दिखते हैं)

ख़ामोश लक्ष्मण से ना दम–भर रहा गया
सुनते ही ये कलाम उन्हें तैश आ गया

(दो बाउल गायक मंच पर आते हैं, गाना गाते हैं और फिर दास्तान–गो के पास जाकर बैठ जाते हैं, उसी बीच हमें दिखता है कि भगवान राम मंच पर आते हैं और छाऊ और कांटेंपोररी मूवमेंट होता है)

यहाँ से shadow puppetry शुरू होती है और यह सीन shadow puppetry के ज़रिये दिखाया जाता है)

ख़ास–ख़ास मौक़ों पर बहुत अच्छे शेर सुनने को मिलते हैं, जैसे :

ज़ालिम ने की भभूत कुछ इस तरह ज़ेब–ए–तन
ख़ाका भभूत का, कि कबूतर का था बदन
उड़ता था दूर–दूर, नदामत से पैरहन
चोला नया बदल के था, मारीच ख़न्दा–ज़न
राम–हाय लक्ष्मन
रघुवंश का चिराग़ है गुल, वाये लक्ष्मन
आयी तुम्हारी काश मुझे आये लक्ष्मन
बाज़ी लगा के छूट गये, ख़ुद तो जान की
कब तक तकेगी राह बताओ तो जानकी

हनुमान–माता ना हो निढाल बुरा वक़्त टल गया
पुल बन्ध रहा है, कूच का सामान हो चुका
अब आये राम, ख़ाक में लंकेश अब मिला

क़िस्सागो–बन्दर–सा दुश्मनों को नचाते थे जामवन्त

लाखों को एक साथ सुलाते थे जामवन्त
या–लंका पुरी जलाई थी बजरंग ने मगर
रावण का सर झुका था तो, अंगद के पाँव पर
मन्दोदरी–
क्या तुम पे ज़ोर मेरा, चलेगा ना अब कभी
इस घर में अब चिराग़ जलेगा ना अब कभी

हिन्दी और संस्कृत में तो आपने कई रामलीलाएँ देखी–सुनी होंगी, पर पहली बार उर्दू भाषा में कविता और शायरी के माध्यम से रामलीला का मंचन इसी प्रस्तुति में दिखा। क़रीब 90 साल पहले जामिया आये उपन्यास सम्राट मुंशी प्रेमचन्द ने यह चर्चा शुरू की थी। हालाँकि साल–दर–साल निकलते गये, पर इस ताने–बाने को धरातल पर नहीं उतारा जा सका। मशहूर पटकथा लेखक, नाट्य निर्देशक, कवि

और अभिनेता हबीब तनवीर, फ़िल्म निर्माता एमएस सथ्यू से लेकर कई रंगकर्मी जामिया में रहने के दौरान ऐसी रामलीला का मंचन चाहते थे, पर यह हक़ीक़त नहीं बन सका। अब यह सपना 'दास्तान–ए–राम' के माध्यम से आख़िरकार पूरा हुआ।

दानिश के मुताबिक, आज़ादी से पहले उर्दू भाषा में रामायण पर कई पुस्तकें लिखी गयी थीं। हालाँकि, इनमें से अधिकतर पुस्तकें उपलब्ध नहीं हैं, पर लगभग आठ नौ पुस्तकों का अध्ययन करने के बाद 'दास्तान–ए–राम' की स्क्रिप्ट तैयार की गयी है। इसमें रामायण के किसी भी कंटेंट से छेड़छाड़ या बदलाव नहीं किया गया है। दर्शकों को पारम्परिक कविता के माध्यम से श्रवण–दशरथ, राम वनवास, भरत मिलन पर दिवाली, लक्ष्मण का मूर्छित प्रसंग भी मिलते हैं।

भरतनाट्यम, कत्थक और छौ के मिश्रण के अलावा, कर्नाटक की प्रसिद्ध परछाई विधा यानी बाँस की लम्बी कठपुतली का प्रदर्शन भी इसमें दिखेगा। इसकी ख़ासियत यह है कि एक व्यक्ति एक समय में एक ही कठपुतली चला पाता है। इस पूरे मंचन पर आयोजकों का 10 से 12 लाख रुपये खर्च आ रहा है।

एक नौहा 'कैसी ख़बर ये आयी है दशरथ गुज़र गये, अयोध्या में कोहराम है दशरथ गुज़र गये' से दशरथ मरण दर्शकों को समझ आता है। लक्ष्मण का मूर्छित होना, हनुमान को संजीवनी लाने की लीला दास्तानगोई और तकनीक की प्रस्तुति से पेश की जाती है। नाभि पर बाण लगने से रावण का गिरना और गिरते दशानन को राम द्वारा सँभालने का मंचन अहसास कराता है कि राम ऐसे ही मर्यादा पुरुषोत्तम नहीं कहे गये। लीला में भरत नाट्यम, कथक तथा छौ या छऊ नृत्य भी ख़ूब है।

– **सरिता शर्मा**

पात्र-परिचय

राम	–	संदीप करतार सिंह
सीता	–	शानफ़ा रहमान/रश्मि सिंह/ शिवानी सौम्या
लक्ष्मण	–	अंकित सिंह/अदनान
भरत	–	किशनलाल चौहान/सरफ़राज सैफ़ी
रावण	–	भूपेन्द्र त्यागी
हनुमान	–	निखिल साहू/आशिष पाण्डेय/ राज अभिषेक
राम (बचपन)	–	रुद्राक्ष सिंह
क़िस्सागो	–	दानिश इक़बाल
सुर्पणखा	–	चन्द्रानी मुखर्जी
श्रवण कुमार	–	शुभम कौशल
शान्तनु	–	रोशन यादव/सचिन मिश्रा
मेघनाद	–	रजनीस सिंह/संजीव तनेजा
जटायु	–	आशुतोष पाण्डेय/अभिषेक कुमार
सुषैण	–	अंकित परासर/अजय
कौशल्या	–	उतपला/कोमल
कैकेयी	–	आफ़रीन ख़ान/नन्दिनी
जनक	–	अर्पित आनन्द/अदीप सेठिया
विभीषण	–	सविता नन्दन तिवारी/ शिवम् कुमार
बाउल सिंगर	–	डॉ. विनोद कथुरिया/ पुष्पराज वशिष्ठ
क़िसागो (1)	–	हैप्पी चक्रवर्ती
क़िसागो (2)	–	प्रशान्त नागवंशी

क़िसागो (3) – साहिर ख़ान
क़िसागो (4) – मोहन कुमार
क़िसागो (5) – सिद्धार्थ मल्होत्रा
क़िसागो (6) – नन्दिनी
राजा (1) – सचिन कुमार
राजा (2) – मिथुन
राजा (3) – अशोक चौधरी
राजा (4) – शिवम कुमार
राजा (5) – अजय
राजा (6) – सरफ़राज सैफ़ी

भरतनाट्यम

सलोनी त्यागी

मनक़बत

सलोनी त्यागी/मोहम्मद फ़हाद/परी त्यागी

कत्थक नृत्य

सुमेधा, सुकृति
संस्कृति, इरा
पलक, योशी
राधिका, अन्या छाबड़ा
अन्या गुप्ता
जान्वी

छाऊ

चाँद ख़ान
रोहित कनौजिया
जय सिंह

अनुराग खिची

नृत्य निदेशन

पुनीता शर्मा

मर्सिया

ग्रुप कैप्टन–सिराज मेहँदी

बुशरा मेहँदी

मेमा मेहँदी

शबनम रिज़वी

अदीप सेठिया

प्रचार

शाहबाज़ बेग़

वजाहत क़ाजी

छाया कठपुतली

गुंडू राजू

दर्शन

असिस्टेंट–प्रतीक महन्त

कच्ची घोड़ी

आर.के.

संगीत

मदन मोहन/जसविन्दर गिल (पिंटू)/शिवेश त्यागी

सह-निर्देशक

अली इमाम हसन/अलीज़ा मलिक

अर्पित आनन्द/अंकित सिंह

नन्दिनी/कोमल

मंच व्यवस्थापक
अंकित कुमार सिंह

मंच (सेट)
रईस अमरोही/रोशन यादव/सविता नन्दन तिवारी/सोहन कुमार

वस्त्र सज्जा
जिनान हाशमी/सरफराज़ अहमद/सिद्धार्थ मल्होत्रा

हस्त वस्तु
रश्मि सिह, मिथुन

प्रकाश
अतुल मिश्रा

शृगाँर
बॉबी त्यागी/परी त्यागी

सलाहकार
डॉ. विधु खरे दास
अलीना ख़ान
डॉ. फरहा बानो
डॉ. ज्योति रानी

क्रिएटिव एंड मल्टीमीडिया
पिंटू (जसविन्दर सिंह)/रजनीस सिंह

आर्टिस्टिक सह निर्देशक
किशन लाल चौहान

निर्माता
तारिक़ ख़ान

लेखक
दानिश इक़बाल

आर्टिस्टिक-निर्देशक
संदीप करतार सिंह

निर्देशक
मुस्तजाब मलिक

दास्तान-ए-राम

क़िस्सागा : साल गुज़रे होंगे कम–ओ–बेश, कई हज़ार

राजा अवध के थे, दशरथ से ज़ी–वक़ार
बातिन में थे फ़क़ीर, बज़ाहिर थे ताजदार

लागर था जिस्म, कई फ़िकरों से मिसले–ख़ार
बच्चा ना था कोई, तख़्त का वारिस, ना ताज का

शानों पे अब ना बार, सँभलता था ताज का
शानों पे अब ना बार, सँभलता था ताज का

बर्बाद इक उम्र इसी ग़म में हो गयी
पकने लगे थे बाल, मुसीबत ये थी नयी

चाहत थी आरज़ू थी, रुख़े–फ़र्ज़ंद के लिए
वारिस बने जो अपना, वो शहज़ादा चाहिए

वारिस बने जो अपना, वो शहज़ादा चाहिए
क़ासिर था अब चढ़ाओ से, पारा उम्मीद का

होने को था गुरूब, सितारा उम्मीद का
जी भर चुका था सितम–ए–ग़म–ए–रोज़गार से

मिलता था कुछ क़रार, तो सैर–ओ–शिकार से
दशरथ थे एक रोज़, महा बन में जलवागर

रंगने को हाथ ख़ून में, बाँधे हुए कमर
ख़लवत की दिल में चाह थी, फ़िक्र–ए–शिकार भी

पानी की जुस्तुजू में था, श्रवण कुमार भी
चेहरे पे था वो नूर, कि होता था आब–आब

मौजों में खलबली थी, कि उतरा है माहताब
सहरा में गुल खिला था, जुनून–ए–शिकार का

नक़्शा खिंचा हुआ था, दिल–ए–बेक़रार का
दशरथ की कमान से हुआ, तीर–ए–अजल रवाँ

लर्ज़ा चढ़ा ज़मीन को, थर्राया आसमाँ
दिल पर लगा जो तीर, तो पथरा गयी नज़र

श्रवण तड़प के लोट गया, फ़र्शे ख़ाक पर
क्या जुल्म हो गया था, दशरथ थे बे–ख़बर

फेंका जिधर था तीर, चले आप भी उधर
श्रवण के पास दशरथ पहुँचे तो अजब मंज़र था,

श्रवण ने मरते–मरते, बूढ़े अपाहिज माँ बाप के
बारे में बताया,
टूटती साँसों से कहने लगा

श्रवण : घबरा ना जायें दश्त में, तन्हा हैं जाइए
अन्धों की, डूबती कश्ती बचाइए
मारे हुए हैं प्यास के, पानी पिलाइए
तकते हैं राह देर से, छागल उठाइए

क़िस्सागो : सर धुन रहे थे दश्त में, दशरथ पये इलाज
थे दस्त–बस्ता डाल के, पैरों में सर का ताज

बिस्मिल के दिल से तीर बमुश्किल जुदा हुआ
क़ैद–ए–क़फ़स से छूट के पंछी हवा हुआ

कैसा था रोज़े बद कि शिकारी थे ख़ुद शिकार
गड़ गड़ गये ज़मीं में ये कह के बार–बार

दशरथ : अन्धों को मुँह दिखायेंगे किस मुँह से आज हम
पानी उन्हें पिलायेंगे किस मुहँ से आज हम

दशरथ ने जब पानी पेश किया,
तो श्रवण के माँ–बाप का माथा ठनका,

बाप ने कहा, कहाँ है हमारा बेटा, वो क्यों पानी ना लाया,
दशरथ के तो काटे ख़ून ना था, जो हुआ था,

मजबूरन उन्हें बताना पड़ा,
ये सुनकर श्रवण का बाप अचानक बोला

पिता : पानी!! नहीं नहीं ये कटोरा है ख़ून का
अब मरना है पुत्र शोक में प्यासे मरेंगे हम

कल तू भरेगा, आज किये को भरेंगे हम
(श्रवण की माँ रोती जाती थी, और कहती जाती थी)

माँ : कह कर गये थे तुम कि अभी लौट आओगे
लाकर हमें क़रीब से पानी पिलाओगे

ये क्या ख़बर थी छोड़ के दुनिया को जाओगे
काँधों पे अपने तीर्थ करायेगा और कौन

है है अदम की राह दिखायेगा और कौन
तन्हा हो तुम वहाँ, तो हैं बेहाल हम यहाँ

ले लो हमें भी साथ अकेले चले कहाँ
जुज़ मर्ग क्या इलाज ग़म–ए–इन्तिज़ार का
बुझता है अब चराग़ दिल–ए–दाग़दार का

क़िस्सागो : दो हिचकियों में टूट गये ज़िन्दगी के तार
तूल–ए–कमन्दे–शौक़ का अल्ला–रे इख़तिसार

शोले हुए थे सर्द दहकती चिताओं के
पर लग गये बहार में ज़ररीं फ़िज़ाओं के

रक़्साँ शबीहे–नूर नज़र आयी ख़ाक में
रघुबर लिए थे तीर–कमाँ दस्ते–पाक में

बिखरे पड़े थे फूल जहाँ बे नवाओं के
गुंचे खिले हुए थे वहाँ मामताओं के

कुछ दिन के बाद राम का अवतार हो गया
दिल का चराग़ घर में ज़िया–बार हो गया

××× ××× ×××

गुज़रा है बज़्म–ए–हिन्द में ऐसा भी एक दौर
उनका था राज काज में नाम–ओ–निशान–ए–जौर

होता तो था चुनाव मगर नाम के बतौर
राजा कोई था, और ना प्रजा कोई थी और

मिथिला के तख़्त–ओ–ताज की ज़ीनत जनक से थी
राजा जनक थे राज की ज़ीनत जनक से थी

सूखा पड़ा तो आयी घड़ी इम्तिहान की
चलना था हल जनक का निकल आयीं जानकी

जान आयी नीम–जाँ में कि रोशन हुआ चिराग़
काफ़ूर तीरगी थी तबीयत थी बाग़–बाग़

इसी तरह कई माह–ओ–साल गुज़रते गये,
उधर राम लक्ष्मण बड़े हो रहे थे,

इधर सीता के दम से दो–जहान रोशन थे...
कुछ दिन में धूम धाम से वो दिन भी आ गया

मिथलेश नन्दिनी का स्वयंवर रचा गया
करने को लाख ज़ोर किया जान तोड़ कर

फिरना पड़ा हर एक को मगर हाथ जोड़ कर
अपना सा मुँह लिए हुए, तकते रहे बली

शिव की कड़ी कमान, किसी से ना जब टली
बेकल हुए, वैदेही की मुरझा गयी कली
मजबूरियों की आड़ में, तेग़–ए–ज़बाँ चली

राजा जनक : सब औरतें हैं, मर्द यहाँ कोई भी नहीं?
पूरी करे जो शर्त–ए–गिराँ, कोई भी नहीं?

क़िस्सागो : ख़ामोश लक्ष्मण से ना दम–भर रहा गया
सुनते ही ये कलाम उन्हें तैश आ गया बोले कि

लक्ष्मण : किस को देख के ऐसा कहा गया
फूटें वो कान जिनसे ये ताना सुना गया

मजबूर–ए–एहतिराम हूँ वर्ना दिखाऊँ मैं
फूँकों से इस कमान के टुकड़े उड़ाऊँ मैं

शंकर की ये कमान है किस शुमार में
शेरों के दाँत तोड़ दिये हैं कछार में

क़िस्सागो : बिफरे हुए थे मालिक–ए–दौराँ के सामने
ठण्डा किया लखन को इशारे से राम ने

पहुँचे धनुष को हाथ में तिनका सा थामने
दो कर दिये लचका के यूँ ही शाद–काम ने

सीता ने पेशकश में निगाह–ए–जमाल दी
बढ़कर गले में राम के वरमाला डाल दी

××× ××× ×××

सीता जी स्वयंवर के बाद दरबार से चलीं,
तो महल के फूलों के बाग में रुक गयीं,
साथ में कई सहेलियाँ भी थीं...

क़िस्सागो : फूली हुई उफ़क़ पे थी, रंगी शफ़क़ तमाम
महकी हुई फ़िज़ाँ में बसा था सुकूत–ए–शाम

सखियों के साथ झूमती जाती थीं नेक–नाम
मुड़–मुड़ कि देखती हुई पीछे..। दम–ए–ख़िराम

लड़ती थी आँख तीर सी, चलती थीं पुतलियाँ
गुँचे से ख़ार खा के उलझती थीं तितलियाँ

नज़रें उड़ीं इधर, उधर आँचल सरक गया
फूलों की ओट में महा–ए–कामिल ठिठक गया

बोली सहेलियाँ कि सियानी बहक गयीं
आँखों में धूल झोंक के नादाँ बनी रहीं

चितवन में है कटार तो लब पर नहीं नहीं
आँखें कहीं हैं, दिल है कहीं, पाँव हैं कहीं

सखियों की बात से परेशानी थी,
सो कुछ ना कुछ बात तो बनानी थी,
इसलिए जल्दी से बोल पड़ीं...

सीता : कैसी खटक है दिल में, कहीं कुछ चुभा ना हो
उड़कर हवा से आँख में रेज़ा गिरा ना हो

टूटी हुई कमान का तिनका पड़ा ना हो
तलवे में आके देख लो काँटा लगा ना हो

मरती हूँ मैं बला से तुम्हारी मरा करूँ
सुनता नहीं है कोई, बताओ मैं क्या करूँ

क़िस्सागो : ख़ैर गुलशन हुआ उजाड़ जो राम चल दिये
साये की तरह बढ़ते हुए राम चल दिये

और अब पेश है क़िस्सा बन–बास का,
ये समझने समझाने के लिए कि बन–बास कैसे
हुआ? क्यूँ–कर हुआ

क़िस्सागो : जलवे बिखेरता था वहदत का अब चिराग़
कलियाँ थीं मौज–ए–बरक़े–तबस्सुम से बाग़–बाग़

शाम–ए–अवध पे सुबहे बनारस निसार थी
दुनिया–ए–रंग–ओ–नूर सरापा बहार थी

तकमील–ए–इल्म–ओ–फ़न से हुए शाद–काम राम
महलों में उन के राज तिलक का था एहतिमाम

इस हुस्न–ए–इन्तिख़ाब में मुतलक़ ना था कलाम
मसरूर बा–कमाल थे बश्शाश थे अवाम

थी फ़िक्र कैकेयी को कि सदक़ा उतार दे
चाहा कि मन्थरा को जवाहर का हार दे

बदला हुआ था आज मगर मन्थरा का रंग
खुलता था बात बात में मकर–ओ–रियो का रंग

जमने लगा क़रीब से हिर्स–ओ–हवा का रंग
उड़ता था अब गुबार की सूरत वफ़ा का रंग

मन्थरा : बोली तुनुक के
हार अलामत है हार की

तक़दीर सो गयी भरत–ए–नामदार की
धोना पड़ेगा हाथ उन्हें तख़्त–ओ–ताज से

बनकर फ़क़ीर भीक सी माँगेंगे आज से
दोज़ख भरेगा पेट का किस के अनाज से???

रानी नहीं हो तुम भी तो बाँदी हो आज से!!
राजा हुए हैं राम तो दासी को क्या ख़ुशी?

अमृत की झड़ लगे भी तो दासी को क्या ख़ुशी?
अपना नहीं है, पेट का जाया है सौत का

ये भी ख़बर है, पूत पराया है सौत का
अपने को किसने दूध पिलाया है सौत का

होनी ने आज मान बढ़ाया है सौत का
राजा ने तुमसे याद हैं, हारे हैं तीन क़ौल

मुहँ खोलकर कहो... कि हमारे हैं तीन क़ौल
चौदह बरस का राम जो बन–बास पायेंगे

वासी अयोध्या के उन्हें भूल जायेंगे
आख़िर भरत को हार के राजा बनायेंगे

कैसे रचायी जाती है महफ़िल दिखायेंगे
आयेंगे दिन ज़रूर फिर अपनी बहार के

नौ नक़द से बुरे नहीं तेरह उधार के

क़िस्सागो : दिल में यही था कैकेयी के जो कहती थी मन्थरा
साये की तरह घात में रहती थी मन्थरा

पाते ही मन्थरा ने, कैकेयी की रज़ा...
दशरथ को जाके, मौत का पैग़ाम दे दिया

सूझा ना कुछ जवाब तो ख़ामोश हो गये
गुलशन की जुस्तजू थी बयाबाँ में खो गये

शैताँ के बस में आ गयी क़िस्मत से कैकेयी
फूली हुई सी कोप भवन में चली गयी

दशरथ ज़ुबान दे के फँसे थे अज़ाब में
ग़र्क़ाब थी उम्मीद की कश्ती सराब में

करना पड़ा लख़्ते–ए–जिगर को जला–वतन
तदबीर अश्क–बार थी, तक़दीर ख़न्दा–ज़न

सर पीटते थे अपनी तबाही पे मर्द–ओ–ज़न
मुँह तक रहे थे आलम–ए–हसरत में राम का

जोड़ा नमूद–ए–सुबह ने बदला था शाम का
माँ बाप से जुदा हुए, होने को बेवतन

नक़्श–ए–क़दम पे राम के, साया हुए लखन
कौशल्या के लब पे थे, टूटे हुए बचन

सीता की चश्म–ए–शौक़ में, घर हो रहा था बन
क़दमों पर कैकेयी के जो पड़ना था राम को

दिल में ज़रा था मैल, ना चितवन पे नाम को
सीता को ताकते रहे सुध–बुध बिसार के
करने को थे सुपुर्द ग़म–ए–इन्तिज़ार के

क़िस्सागो : जब रामचन्द्र, बाप के चरण स्पर्श के लिए गये,
तो सैलाब–ए–ग़म से दशरथ बेहोश हो गये,

राम माँ से मिलने गये,
रुख़सत हुआ वो बाप से लेकर ख़ुदा का नाम

राह–ए–वफ़ा की मंज़िले अव्वल हुई तमाम
दिल को सँभालता हुआ आख़िर वो नौनिहाल

ख़ामोश माँ के पास गया सूरते ख़याल
देखा तो एक दर में है बैठी वो ख़स्ता–हाल

सकता सा हो गया है ये है शिद्दते मलाल
क्या जाने किस ख़याल में गुम थी वो बेगुनाह
नूर–ए–नज़र पे दीदा–ए–हसरत से की निगाह

कौशल्या : *(रोकर कहा)* ख़मोश खड़े क्यों हो मेरी जाँ
मैं जानती हूँ जिस लिये आये हो तुम यहाँ

सबकी ख़ुशी यही है तो सहरा को हो रवाँ
लेकिन मैं अपने मुँह से ना हरगिज़ कहूँगी हाँ

किस तरह बन में आँखों के तारे को भेज दूँ
जोगी बना के राज–दुलारे को भेज दूँ

सरज़द हुए थे मुझसे ख़ुदा जाने क्या गुनाह
मंजधार में जो यूँ मेरी कश्ती हुई तबाह

क़िस्सागो : फिर अर्ज़ की ये मादरे–नाशाद के हुज़ूर
राम : मायूस क्यों हैं आप अलम का है क्यों वफ़ूर

शायद ख़िज़ाँ की शक्ल अयाँ हो बहार की
कुछ मसलेहत इसी में हो परवरदिगार की

ये जाल ये फ़रेब ये साज़िश ये शोर–ओ–शर
होना जो है, सब उस के बहाने हैं सर–ब–सर

ख़ास उस की मसलेहत कोई पहचानता नहीं
मंज़ूर क्या उसे है कोई जानता नहीं

इन्सान उसकी राह में साबित–क़दम रहे
गर्दन वही है अमरे रज़ा में जो ख़म रहे

और आपको तो कुछ भी नहीं रंज का मुक़ाम
बाद–ए–सफ़र वतन में हम आयेंगे शाद–काम

होते हैं बात करने में चौदह बरस तमाम
क़ायम उम्मीद ही से है दुनिया है जिसका नाम

उस का करम शरीक अगर है तो ग़म नहीं
दामाने–ए–दश्त दामा–ए–मादर से कम नहीं

क़िस्सागो : सीता को ताकते रहे सुध–बुध बिसार के
करने को थे सुपुर्द ग़म–ए–इन्तिज़ार के

राम : उठे ना पाँव कहीं, माँ के पास से
जंगल बसा रहेगा,
मोहब्बत की बास से!

क़िस्सागो : ये रंग–ढंग देख के घबरायीं जानकी
राम और लखन के बीच में ख़ुद आयीं जानकी

चितवन से दिल की बात इशारे में ताड़ ली
बोलीं सँभल के, किसलिए माता की आड़ ली?

सीता : बातों से दिल की के बाग को मोड़ा ना जायेगा
साये से साथ धूप का छोड़ा ना जायेगा

जाना है गर ज़रूर तो मैं पहले जाऊँगी
जंगल में राम नाम से मंगल मनाऊँगी

देखूँगी वर्ना मुहँ ना किसी को दिखाऊँगी
ख़ाक–ए–क़दम पे फोड़ के सर, मोक्ष पाऊँगी

क़िस्सागो : लक्ष्मण हँसे तो राम भी ख़ामोश हो गये
घेरे में ले के चाँद को रूपोश हो गये

जाते थे राम तीर से, थामे हुए कमाँ
दशरथ की दस्तगीर थी, अब मर्ग–ए–नागहाँ

तालू से लग के रह गयी, सूखी हुई ज़बाँ
तकती थी बुत बनी हुई, कौशल्या सी माँ

तस्वीर नाचती हुई, दीवार–ओ–दर पे थी
हसरत भरी निगाह, मगर रहगुज़र पै थी

××× ××× ×××

क़िस्सागो : जब पिता के विसाल की पहुँची उन्हें ख़बर
मामूँ के घर से चल के भरत आये अपने घर

करतूत माँ की सुनते ही, धुन डाला अपना सर
सरजू की सिम्त दौड़ पड़े, ग़म में डूब कर

भरत : *(चढ़कर कहा निषाद से)* कश्ती को खोल दूँ
बेड़ा अगर हो पार तो सोने से तौल दूँ

जाने ना पायें राम तो मुँह माँगा मोल दूँ
कुछ और चाहता है तो जल्दी से बोल.., दूँ!

क़िस्सागो : चौंका इस इज़तिराब से, इनसान था निषाद
कुछ इतनी कशमकश थी कि हैरान था निषाद

निषाद : पीछे पड़े हैं आप भी, माहे–तमाम के
आयेगा कुछ ना हाथ, तआक़ुब में राम के

पैदा हैं आज सुबह से, आसार शाम के
उठते नहीं हैं हाथ थकन से गुलाम के

क़िस्सागो : घबरा के जब भरत ने कहा,
भरत : फ़िक्र है फुज़ूल
डाले से आफ़ताब पे, पड़ती नहीं है धूल

मैं हूँ गुलाम राम का, क़िस्से को दे ना तूल
हँसकर कहा निषाद ने, मेहनत हुई क़ुबूल

क़िस्सागो : झपकी अभी थी आँख कि साहिल को पा लिया
रघुबर ने सर–फिरों को गले से लगा लिया

भरत : *(छूकर चरण भरत ने कहा,)* देर क्या है अब?
फिरते ही पीठ देखिए, कैसा हुआ ग़ज़ब?

आँखें पिता की मुँद गयीं, बदला है क्या ये ढब!!
माँ ने किया है आपको, फ़ौरन वहाँ तलब

है राज पाट आपका, गद्दी है आपकी
तकमील उसकी अब हो, जो मर्ज़ी थी बाप की
(बोले लरज़ के राम कि)

राम : राम अब हम ना जायेंगे
हर हाल में पिता के, वचन को निभायेंगे

बन में उन्हीं की याद में, धूनी रमायें गे
मुँह इस तरफ़ करेंगे, तो क्या मुँह की खायेंगे???

क़िस्सागो : वापस हुए भरत से तो बस पादुकाएँ दीं
रुख़सत किया तपाक से दिल भर दुआएँ दीं

××× ××× ×××

क़िस्सागो : आयी थी आफ़ताब की कश्ती, कनारे–बाम
जलवों में रंग–ओ–नूर के, डूबी हुई थी शाम

चढ़ता था चाँदनी के सहारे, महे–तमाम
बन बासियों का क़ाफ़िला उतरा, पये क़याम

बिखरे हुए थे फूल, सितारे जड़े हुए
सहरा में थे बहार के, झण्डे गड़े हुए

इक रोज़ महर–ओ–माह थे, जल्वा–फ़िगन बहम
मौज–ए–नसीम–ए–सुबह का, उठता ना था क़दम

देखा उठा के आँख, ताज्जुब से राम ने
काली–घटा सी शूर्प–नखा, आयी सामने

आँखें थीं सुर्ख़ सुर्ख़ कि थे शोला हाये नार
था दोज़ख़ी का पेट कि शैतान का मज़ार?

क़ालिब था सिर्फ़ एक, मगर ऐब थे हज़ार
यानी बदी की शक्ल में, लानत थी आशकार

उलटे तवे पे नाक थी, औंधी पड़ी हुई
भट्ठी से मुँह पे भाड़ सी, चिमनी गड़ी हुई

आती ना थी क़रीब हवा तक हिजाब की
पुतली सी नाचती थी, ये पुतली अज़ाब की

उड़ती थी बाल बाल से, ख़ुशबू शराब की
मिट्टी ग़रज़ पलीद थी, कड़यल शबाब की

हँसते हुए ज़बान, जो तौली, अदा के साथ
तीर–ए–नज़र चला के, वो बोली, अदा के साथ

शूर्पणखा : तुम सा नहीं है शूर! तो मुझ सी कहाँ है हूर?
अपनी जगह पे खूब हैं, दोनों ही शम्मे नूर

क़ुदरत के हैं ये खेल, मुक़द्दर का है क़सूर
आगोश–ए–कामयाब से, दोनों हैं, दूर–दूर

कब तक ग़म–ए–फ़िराक़ के, सदमे सहूँगी मैं?
सीता को अब निकाल के, घर में रहूँगी मैं

क़िस्सागो : पलटी ना थी नियाम में, तेग़–ए–ज़बाँ अभी
झपटे भड़क के, शोला सिफ़त लछमन जी

मुँह पर ज़रा कटार, उछलती हुई पड़ी
गुल चेहरा ज़ुल्मतें थीं, फ़क़त नाक साफ़ थी

नकटी थी रंग–ओ–रूप में, अपनी मिसाल आप
आया गहन में, नैयर–ए–हुस्न–ओ–जमाल आप

लौटी कटा के नाक तो एक–तरफ़ा गुल खिला
लंका में आग लग गयी, कोहराम मच गया

रावण की नाक कट गयी!! है है ये क्या हुआ?
शोलों को इन्तिक़ाम के, जज़्बे ने दी हवा

रावण : पहलू मगर ख़ुशी का था, हुज़्न–ओ–मलाल में
चिड़िया फँसायी जायेगी, सोने के जाल में

क़िस्सागो : ज़ालिम ने की भभूत कुछ इस तरह ज़ेब–ए–तन
ख़ाका भभूत का, कि कबूतर का था बदन

उड़ता था दूर–दूर, नदामत से पैरहन
चोला नया बदल के था, मारीच ख़न्दा–ज़न

सौदा सर–ए–ग़रूर में, सीता हरन का था
मारीच का सुरूप, सरापा हिरन का था

रावण था डाल–डाल, तो मारीच पात–पात
जाता था मारता हुआ, अस्प–ए–हवा को लात

होने को था, हिरन की बदौलत, सिया हरण
पहरों कुटी के सामने, उछला किया, हिरण

सोने का जानकी ने, जो देखा ना था हिरण
हैरत से ताकती रहें, ललचा के सीम–तन

लेकर रहूँगी मृग, ज़बाँ पर था ये बचन
मजबूर राम भी थे, कुछ ऐसी लगी लगन

रघुबर हिरन के फेर में, रूपोश हो गये
सीता के, इक पुकार से, औसान खो गये!!

राम : दौड़ो मुझे बचाओ! लखन, हाय में मरा!!

क़िस्सागो : लेकिन ये थी, मरते हुए मारीच की सदा
सीता को क्यों ना जाने, मगर वहम हो गया

छल से क़ज़ा का तीर, निशाने पे जा लगा
मिथिलेश नन्दिनी ने कहा,

सीता : कुछ सुना लखन!!
कहता था कौन साफ़? चलो! मैं मरा लखन

लछमन! तुम्हें पुकारते हैं वो, ग़ज़ब हुआ
दुश्मन पे उन के बन में, ना टूटे कोई बला

इस कान से उड़ा दिया, उस कान से सुना
भाई नहीं क़साई हो तुम, देखते हो क्या?

दिल में तुम्हारे चोर है, नीयत में पाप है
समझो अगर तो भाई भी, रुतबे में बाप है

क़िस्सागो : लक्ष्मण ने काँपते हुए, फ़ौरन दिया जवाब

लक्ष्मण : आँखें मिलाये राम से, किस में है इतनी ताब?
मुँह आयेगा जो राम के, होगा वही ख़राब

छोड़ें ये वहम आप, ना हों वक़्फ़–ए–इज़्तिराब
आते ही होंगे राम, ज़रा सब्र कीजिए
मुझसे गुलाम पर, तो ना ये जब्र कीजिए

क़िस्सागो : देखी कड़ी निगाह तो घबराये लक्ष्मण
होनी थी, रोब दाब में क्या आये लक्ष्मण

तानों से बार–बार के, झुँझलाये लक्ष्मण
लब पर अदब से, अब ये सुखन लाये लक्ष्मण

लक्ष्मण : कुर्बान लखन हज़ारों हों, इस हठ पे आपके
आये किसी का पैर, ना चौखट पे आपके

मैं खींचता हूँ तीर से, कुण्डली का इक निशाँ
देना पड़ेगा, ज़ब्त–ओ–तहम्मुल का इम्तिहाँ

बाहर निकल के पाँव, न इससे जो आयेगा
शर से...। जती का तेज, सती को बचायेगा

क़िस्सागो : ये कह के लक्ष्मण तो हुए, जंगल को रवाँ
बाने में अब फ़क़ीर के, लंकेश था अयाँ
बोला!!

रावण : हर–चन्द सवाल है, सूरत फ़क़ीर की
नादाँ मगर! फ़क़ीर बनी है, लकीर की

भूखा हूँ मैं, जो पेट का शोला बुझायेगी
तेरे पति पे, आँच भी आने ना पायेगी

पल–भर हुई जो देर, तो साअत वो आयेगी
बैठे बिठाये जान, शिकारी की जायेगी

कुण्डली से तिलमिला के, निकल आयीं जानकी
हर ली गयीं जो बन में, तो पछताईं जानकी

मर्सियागो : जटायु जा के बैठ गया जब विमान पर
आया ज़मीं का चाँद नज़र आसमाँ पर

टकराया वो लंकेश से कि थर्राया आसमाँ
टूटी बरंगे–ए–बरक़े–तपाँ, मर्ग–ए–नागहाँ

ज़ख़मों से रू–सियाह को गुलफ़ाम कर दिया
एक मुश्त 'ए' पर ने हो के फ़ना, नाम कर दिया

मौज–ए–हवा को कर ना सके, राम जब असीर
मारा हिरन की *(टाँग)* में, मजबूर हो के तीर

अब अपने अस्ल रूप में, ज़ाहिर हुआ शरीर
वरदे–ज़बाँ था, हाय लखन! ता दम–ए–अख़ीर

पछताये राम दिल में, जो आ गये लखन
माया का फेर देख के, घबरा गये लखन

रघुबर लखन के साथ, बमुश्किल कुटी में आये
देखा जो रंग और...। तो लब पर बचन ये लाये

राम : भूला हो गर बशर, तो उसे राह पर लगाये
क़िस्मत में ठोकरें हो, तो क्यूँ–कर कोई बचाये

खोये हुए को राह, दिखाती हैं चूड़ियाँ
दक्खिन की तरफ़ हाथ, उठाती हैं चूड़ियाँ

गिन गिन के तेरी राह में, आँखें बिछाऊँगा
नक़्श–ए–क़दम पे अर्श के, मुहरे झुकाऊँगा

आँखें हैं फ़र्शे राह, ग़म–ए–इन्तिज़ार में
जी चाहता है आग, लगा दूँ बहार में

क़िस्सागो : हसरत से ताकते हुए, निकले कुटी से राम
ज़ख़्मों से चूर–चूर, जटायु था ज़ेरे गाम

रघुबर के पाँव चूम के, बोला ये नेक काम

जटायु : लंका के राक्षस का, हक़ीक़त में है ये काम
चलता ज़रूर साथ, मगर दम नहीं है अब

मुझ तक ख़ुद आप आये हैं, कुछ ग़म नहीं है अब
दुनियाये बे–सबात से, मुँह मोड़ता हूँ मैं

सेना पति के पाँव पे, दम तोड़ता हूँ मैं
टूटे हैं गरचे हाथ, मगर जोड़ता हूँ मैं

पिंजरे को...। आशयाँ के लिए, छोड़ता हूँ मैं

क़िस्सागो : था चश्म–ए–इलतिफ़ात में, दरिया चढ़ा हुआ
ये कह के सर्द, शोले–ए–महरो–वफ़ा हुआ

फिर बख़्ते–अहिल्या, जगाते हुए चले
पत्थर की मूर्ति जिलाते हुए चले

अर्शे–बरी जमीं को, बनाते हुए चले
गौतम ऋषि का मान बढ़ाते हुए चले

शबरी को सदियों से था राम का इन्तज़ार
सो शबरी को हुई दौलत–ए–दिदार मय्यसर

चूमे क़दमें पाक सरे शिश झुकाकर
मोती किये अश्कों से अक़ीदत को न्योछावर

रखे थे जूठे बेर, जो शबरी ने सामने
खाये बड़े तपाक से, गिन गिन के राम ने

बाली के ज़ुल्म–ओ–जौर से, सुग्रीव था तबाह
मानी हुई है बात, कि है दिल–से–दिल को राह

अपना–सा हाल देख के, की मेहर की निगाह
बाली में ये कशिश थी, कि दुश्मन का निस्फ़ ज़ोर

हो सामने तो इसमें, खिंच आये बरँग–ए–मोर
ज़ाहिर में थी वो आन, ना था जिसका ओर छोर

बातिन का था कसीफ़ कि था उसके दिल में चोर
दरिया गिरा ज़मीं पे, उलझ कर पहाड़ से

मारा सितम–शिआर को, रघुबर ने, आड़ से
बाली का एक बाण में, क़िस्सा हुआ तमाम

रावण से अब जटायु का, लेना था इन्तिक़ाम
बजता था तब्ल, तेग़ खटकती थी, सुबह–ओ–शाम

लश्कर का धूम धाम से, होता था इन्तिज़ाम
मसरूफ़ पुल की फ़िक्र में, नील और नल हुए

पानी पे तैरते हुए, पत्थर अटल हुए
कपि राज बहरे–जँग थे, बाँधे हुए कमर

लंका की जुस्तजू में चले, सूरत–ए–शरर
इक जस्त भर के आये, नज़र आसमान पर

सुरसा थी सिददे राह, बयक जुंबिश–ए–नज़र
नाके पे हाथ झाड़ के, बानर से भिड़ गयी

पहले ही मोर्चे पे, अजब जंग छिड़ गयी
झपटी कि शेर–ए–नर को, निगल जाये पीरे–ज़न

मुँह फैलता गया, ये, बढ़ाते गये बदन
दोनों ने जोड़ तोड़ में, सौ–सौ किये जतन

जब बढ़ के आफ़ताब का...। हाला हुआ दहन
बजरंग ख़ुद सिमट के...। ऐसे बदल गये

नथने में जा के...। हलक़ से बाहर निकल गये
इस पैंतरे से काम, किसी तरह चल गया

आयी ना जब गिरफ़्त में, उड़ती हुई हवा
सुरसा ने हार मान के, जाने की दी रज़ा

इक–दम ज़दन में पाँव, समन्दर के पार था
था शोर–ए–मौज 'ए' बाद कि बजरंग आ गये

सीता को ढूँढ़ते हुए, लंका पे छा गये

चौंकी हुई निगाह, पड़ी इक मकान पर
दीवार शक़ थी, सूरत–ए–आग़ोश...। वा था दर

ये भेद खुल गया कि विभीषण थे बा–ख़बर
देखा कि फर्शे राह है, भक्ति में चश्म--ए–तर

बोले पकड़ के हाथ कि पर्दा गुलाम से
बैठा हूँ लौ लगाये हुए, राम नाम से

लँका के ताजदार का, भाई ज़रूर हूँ
मातूब हूँ हज़ार, मगर बेक़सूर हूँ

कह दें अशोक बन में, असीर–ए–अलम हैं माँ
तर्क–ए–वफ़ा मुहाल है, साबित–क़दम हैं माँ

बजरंग की निगाह में, था अब अशोक बन
जाते थे मिसले बाद, चुराते हुए बदन

क़िस्सागो : छायी थी आसमान पे, रंगीनी–ए–चमन
छनता था माहताब से, जलवों का पैरहन

बूटे बसे थे इत्र में, जैसे नयी दुल्हन
सीता के दम से, रश्क–ए–इरम था अशोक बन

मुँह पर लिए था, दामन–ए–अबरे–बहार चाँद
उड़ती हुई घटाओं में लगते थे चार चाँद

टुकड़े पे अबर–ए–तर के, जो उन की गयी नज़र
समझीं अवध नरेश का, आया पयाम्बर

फड़काये होंट बरक़े–तबस्सुम ने झूमकर
फिर चश्म–ए–अश्क–बार से उड़ने लगे शरर

तस्वीर–ए–हुस्न नूर के साँचे में ढल गयी
मौज–ए–मये बहार थी आयी निकल गयी

हाथों से दिल को थाम के बोलीं नहीं नहीं
धोखा है सब निगाह का, कोई कहीं नहीं

लगती थी दिल पे चोट सी याद–ए–हबीब से
मुमकिन ना था हिजाब भी फ़ुर्क़त–नसीब से
झुककर अदब से पाँव पे बजरंग ने कहा

हनुमान : माता ना हो निढाल बुरा वक़्त टल गया
पुल बन्ध रहा है, कूच का सामान हो चुका

अब आये राम, ख़ाक में लंकेश अब मिला
दुनिया की फ़िक्र छोड़ के भगवत का नाम लें

अँगूठी ये उठायें मेरी राम–राम लें

क़िस्सागो : आँखों से जानकी थीं, अँगूठी अभी लगाये
बिछ–बिछ के दोनों हाथ, हनूमान ने उठाये

आशीर्वाद ले के, ब–उजलत क़दम बढ़ाये
पेड़ों को रौंदते हुए, महलों पे दनदनाये

लोगों ने दौड़ भाग के रावण को दी ख़बर,
रावण ने देखा ना था ऐसा कोई निडर,

चिढ़–सा गया वो शरारत 'ए' बजरंग देखकर,
कहने लगा

रावण : बानर भी क्या बला है कि चलता नहीं है बस

दिल में ज़रा है ख़ौफ़, ना कोई है पेशो–पस
तोड़ा उधर अलम, तो गिराया उधर कलस

होता नहीं मुक़ाम से अपने वो टस से मस
जाओ सितम–ज़रीफ़ कि गर्दन मरोड़ दो
अग्नि लगा के पूँछ में बानर की छोड़ दो

क़िस्सागो : बजरंग को था राम के लुत्फ़ो–ओ–करम पे नाज़
हुक्मे सज़ा पे दिल में हँसे, हो के सरफ़राज़

शोले हुए बुलन्द तो दुम भी हुई दराज़
झक्कड़ की हाओ हू से मिलाया, हवा ने साज़

लंका फुँकी कि एक चिता सी भड़क उठी
दोज़ख़ के पेशवाओं की छाती धड़क उठी

पक्के थे अपनी धुन के, धनी बात के बली
चारों तरफ़ ये आग लगाकर उड़े बली

सागर में अपनी पूछ बुझाकर चले बली
सेना में आये धूम मचाते हुए, बली

फिर अंगद के हाथ, सुलह का भेजा गया पयाम
लेकिन उधर से, जंग का उलटा मिला पयाम

थे दीदा 'ए' सिपाह में दुश्मन मरे हुए
बैठे थे सब गुबार की सूरत भरे हुए

छिड़ना थी जिससे जंग, वो सामान हो गया
बहर–ए–सिपाह कूच का ऐलान हो गया

खींची किसी ने तेग़, किसी ने लिया अलम
पैके अजल था तीर कमाँ, रहबर–ए–अदम

घोड़े उड़ाये ताओ में खाते हुए क़सम
रावण का एक हाथ में करना है सर क़लम

आँधी सी फ़ौज राम की लंका पे चढ़ गयी
लाखों को मार काट के मैदाँ में बढ़ गयी

आँखों में दुश्मनों की, इक ख़ार थे लखन
उस पार थे अभी, अभी इस पार थे लखन

खेली सरे–अदू पे, जो तलवार राम की
गूँजी बिसात–ए–दहर में, जयकार राम की

मारा कमर पे हाथ इधर, धड़ उधर गया
जिसको ज़मीं दिखाई वही अर्श पर गया

उड़ती थी तेग़–ए–तेज़, लहू चाट–चाटकर
मछली सी तैरती थी, समुन्दर को पाटकर

होने को शह–सवार थे लंका में बे–हिसाब
एक–एक कर के खेत रहे ख़ानमाँ–ख़राब

उभरे उभर के बैठ गये सूरत–ए–हुबाब
खर दूषण और कुम्भकर्ण, पेश–ए–आफ़ताब

आते ना थे नज़र, गुल–ओ–गुलज़ार दूर तक
उनका थे बर्ग–ओ–बार के आसार दूर तक

ज्वाला–मुखी ज़मीं थी, तहे–ए–बहर–ए–बे–कराँ
पिघली हुई थी आग कि दरिया रवाँ–रवाँ

महकी हवा–ए–सर्द तो लहराये इनस–ओ–जाँ
अब कुँवार की बहार में सावन का था समाँ

झूमी नसीम जाम–ए–बहाराँ लिए हुए
छलकी शराब–ए–हुस्न–ए–गुलसिताँ लिये हुए

फिरते ही रुख़ हवाओं का बदली मचल गयी
उलझा था जिससे दिल वो बला सर से टल गयी

दो–चार करवटों ही में दुनिया बदल गयी
मुँह फेर कर ज़मीन की गर्मी निकल गयी

चटियल ज़मीं की गोद में सब्ज़ा लहक उठा
कुछ ऐसे गुल खिले कि बयाबाँ महक उठा

आये पलट के राम लखन सूये मुस्तक़र
बाँधे गये अलम, तो खोली गयी कमर

फैला के पाँव नींद में ग़ाफ़िल हुई सिपाह
किज़्ब–ओ–रिया की आड़ में दुश्मन ने ली पनाह

कुछ पढ़के रू–सियाह ने दोनों पे की निगाह
शाने पे उनको दे के जगह, ली फ़लक की राह

उतरा विमान झूम के पाताल लोक में
लश्कर अवध नरेश का डूबा था शोक में

बजरंग ने पलट के जो ख़ेमे पे की नज़र
आया नज़र ना ख़ाक तो दौड़े गये उधर

समझे के है ज़रूर कुछ इसमें फ़साद–ओ–शर
देखा तो चार फूल महकते थे फ़र्श पर

घर का था उनके भेद, विभीषण को था पता
दरकार था जो उनसे, वो सब मिल गया पता

बजरंग जामवन्त को देकर कमाँ चले
लगने ना दी हवा भी किसी को कहाँ चले

सीधे हवा पे झूलते सूए जिनाँ चले
क़ल्बे–फ़िज़ा को चीर के जैसे धुआँ चले

डूबे हुए थे आप, जो रघुबर की चाह में
ठहरे न एक पल को भी, असनाये राह में

पाताल में उतर के जब आये फ़लक जनाब
पिछला पहर था रात का...। दुनिया थी महवे–ख़ाब

अहिरावने–ए–अज़ीम था और आप थे
पंजे में रू–सियाह की बहर–तौर आप थे

बजरंग पर अजल के फ़रिश्ते का था गुमाँ
तालू से लग के रह गयी अहरावनी ज़बाँ

ललकारते थे आप झपकता था नीम–जाँ
लाता था खींच–तान के माया को दरमियाँ

मसरूफ़ कार–ज़ार में, यूँ फ़ित्नागर से थे
ज़ाहिर हुए अभी, अभी ग़ायब नज़र से थे

छलबल के दाँव पेच में नक़्शा था मात का
माया का जो तिलस्म था, चक्कर था रात का

इन मारकों में परचम–ए–ख़ुरशीद खुल गया
मुँह मोड़कर पलीद से, माया हुई हवा

तन्हा था बदनिहाद मगर दू बदू लड़ा
ख़ुद आ गया जो दाँव पे, भुट्टा–सा सर उड़ा

लश्कर में आये लौट के, फिर राम और लखन
निखरी हिलाल–ए–ईद सी, उम्मीद की किरण

×××   ×××   ×××

आमद थी मेघनाद की उठ्ठे फ़लक जनाब
तारों को रौंदता आता था आफ़ताब

रन पर चढ़े पुकार के सीता पति की जै
बोली सिपाहे राम ने लछमन जति की जै

बल रख दिये निकाल के जिस पर पड़ी निगाह
दम–भर में चाक–चाक हुआ सीना–ए–गुनाह

तेग़–ए–असील थी, कि ये पुतली क़ज़ा की थी
मौज–ए–हवा–ए–मर्ग, कि आँधी फ़ना की थी

पंजा पड़ा जो दाँव पे छक्के छुड़ा दिये
सर से उतर के पाँव के टुकड़े उड़ा दिये

सुगरीव ताक–ताक के बरसा रहे थे तीर
घबरा के मेघनाद, बँधाता था सबको धीर

रह–रह के दे रहे थे दुहाई हुज़ूर की
ख़म हो गयी थी जंग में गर्दन ग़रूर की

बन्दर–सा दुश्मनों को नचाते थे जामवन्त
लाखों को एक साथ सुलाते थे जामवन्त

बिफरे बिरंग–ए–शेर जो बजरंग से बली
वो शोर था कि मच गयी दुनिया में खलबली

लड़ने जो आये थे शह–ए–आली मक़ाम से
कानों पे हाथ रखते थे, अंगद के नाम से

पाला पड़ा था अब इसी, महशर ख़िराम से
सरका ना जिसका पाँव, किसी तेज़–गाम से

लंकापुरी जलायी थी बजरंग ने मगर
रावण का सिर झुका था तो, अंगद के पाँव पर

फ़र्ते ग़ज़ब से जोश में आते थे लक्ष्मण
कोसों अदू की गर्द ना पाते थे लक्ष्मण

यूँ कुशत–ओ–ख़ूँ से हाथ उठाते थे लक्ष्मण
मायूस रज़्म–गाह से जाते थे लक्ष्मण

चिल्ले पे शक्ति चढ़ाये सितम–ज़रीफ़
हँसता था मेघनाद, मगर दिल में था ख़फ़ीफ़

निकला कमाँ से तीर सिपर हो गये लखन
शक्ति लगी तो फूल सा कुम्हला गया बदन

नख़ले–अलम की छाँव में लौ दे रहा था तन
चिपका हुआ दरख़्त से, काफ़िर था खन्दाज़न

निकला जो राम नाम जती की ज़ुबान से
थर्रा के बर्क़ टूट पड़ी आसमान से

आग़ोश शम्मे तूर में लहराये लक्ष्मन
रघुबर तड़प के चीख़ उठे,

राम : हाय लक्ष्मन
रघुवंश का चिराग़ है गुल,

वाये लक्ष्मन
आयी तुम्हारी काश मुझे आये लक्ष्मण

बाज़ी लगा के छूट गये, ख़ुद तो जान की
कब तक तकेगी राह, बताओ तो जानकी

दिल चीर कर दिखाऊँ तो कैसे दिखाऊँ मैं
लाऊँ कहाँ से हाथ कि ख़ंजर उठाऊँ मैं

इतना बड़ा कलंक कहाँ तक छुपाऊँ मैं
लक्ष्मन तुम्हारे साथ कहीं मर भी जाऊँ मैं

अपना मैं सर दबाऊँ कि तुम पर हवा करूँ
बे–दस्त–ओ–पा हूँ, आज बताओ मैं क्या करूँ

ख़ंजर कहाँ का पाँव उठाया ना जायेगा
मुझसे किसी को मुँह भी दिखाया ना जायेगा

अश्कों से दिल का दाग़ मिटाया ना जायेगा
फूँकों से ये चिराग़ बुझाया ना जायेगा

क़िस्सागो : सुनकर ये बैन राम के, सब बदहवास थे
छायी हुई थीं ग़म की घटाए, उदास थे

सुनकर ये सब विलाप विभीषण भी आ गये
लेकर सुषेण वेद को हमराह आ गये
बोले सुषेण,

सुषेण : आसरा मुझे परमात्मा का है
दुशवार सिर्फ़ वक़्त पे मिलना, दवा का है

लेने संजीवनी कोई द्रोणा–गिरि पे जाये
निकले ना धूप, छाओं में तारों की लौट आये

बूटी में ये सिफ़त है कि ऐसे में गर पिलाये
टूटी ना हो तो, मौत के मुँह में से खींच लाये

क़िस्सागो : बैठे रहे सुषेण, पवन सुत हवा हुए
छू हो के 1दम–ज़दन में, ख़ुदा जाने क्या हुए

उछले तो एक साँस में मंज़िल को जा लिया
डूबे तो ज़ेरे गाम था फ़र्क़–ए–हिमालया

बूटी नज़र ना आयी तो पर्बत उठा लिया
लेने जो आये आपने उससे सवा लिया

उड़ते हुए फ़िज़ाओं पे, बजरंग चल दिये
कट–कट के ज़ुल्मतों ने, सितारे उगल दिये

गुज़रे अवध से आप, तो मारा भरत ने तीर
समझे कि कुछ फ़साद पे, माइल है चर्ख़–ए–पीर

सर पर पहाड़ तोड़ने, आता ना हो शरीर
बजरंग क्या ख़बर थी कि लाते थे जू–ए–शीर

चिल्ला के राम–राम गिरे आसमान से
पहुँचा दिया भरत ने, मगर वेग बाण से

भीगी अभी थी रात कि लंका में लौट आये
उठीं घटाएँ झूम के, बादल फ़लक़ पे छाये

बूटी का सब्ज़–बाग कि रूह–ए–बहार लाये
दो–चार घूँट रस के लखन को जहाँ पिलाये

रुये क़मर पे फूल खिला था गुलाब का
छींटों ने शोख़ रंग, भरा था, शबाब का

तोड़ा सुकूत ग़ैरत–ए–माह–ए–तमाम ने
डाले गले में हाथ, कहा हँस के राम ने

राम : दो–दो अगर हों हाथ, तो हो जायें चार हाथ
कर दूँ निसार–ए–क़ुव्वत–ए–बाज़ू, हज़ार हाथ

××× ××× ×××

क़िस्सागो : आग़ाज़–ए–दौर–ए–सुबह का मंज़र था सामने
जलवा फरोज़ महरे–मुनव्वर था सामने

घोड़ा उड़ाये जाते थे लक्ष्मन कि मौज–ए–बाद
पाखर जमाये दूर से आता था मेघनाद

धौंसे पे चोट पड़ते ही लश्कर में छिड़ गयी
रावन की फ़ौज राम की सेना से भिड़ गयी

यूरिश हुई इधर से, उधर से मिला जवाब
नरग़ा किया सिपाह ने, बढ़ते गये जनाब

बदली जो छाँट दी थी ये माह–ए–तमाम ने
लड़ने हवा से कोई ना आता था सामने

लछमण लपक के आये हुजूम–ए–ख़ियार में
आता है जैसे शेर, हुमक कर कछार में

आया जो चाँद हल्क़ा–ए–गर्द–ओ–गुबार में
दौर–ए–ख़िजाँ ने आग लगा दी बहार में

रन की ज़मीन सुर्ख़ थी मैदाँ पटा हुआ
बाणों की बाढ़ से था समुन्दर पटा हुआ

सर दे के सरफिरे तो सुबुक–दोश हो गये
वो रन पड़ा कि मौत के औसान खो गये

देता था साथ तीर...। अजल का कमान तक
उठते थे हाथ अगर, तो पहुँचते थे कान तक

अब जीत मेघनाद की बदली थी हार से
दुश्मन को मौत रोक रही थी फ़रार से

आयी ना आँच ख़ाक भी शक्ति के वार से
बिजली की लहर कट गयी ख़ंजर के वार से

डाला झपट के हाथ जती ने कमान पर
चुटकी में मान मौत का साया था बाण पर

दो तीर एक साथ चले आसमान पर
बदली हुई निगाह थी सर की उड़ान पर

उड़कर गिरा जो गुंचा–सा क़दमों में राम के
पैदा हुज़ूर–ए–सुबह थे आसार शाम के

उठते ही मेघनाद के फैली वो सनसनी
आयी ना काम वक़्त पे कुछ तीर–अफ़गनी

तलवार थी कहीं, न वो तलवार का धनी
बैठे बिठाये जान पे रावण के आ बनी

चलता था जैसे पैकरे–ख़ाकी से जाँ चले
मन्दोदरी ने रो के पुकारा कहाँ चले

मन्दोदरी : घर से क़दम निकाल के दुनिया से जाओगे
आया ना कोई लौट के तुम भी ना आओगे

क्या तुम पे ज़ोर मेरा, चलेगा ना अब कभी
इस घर में अब चिराग़ जलेगा ना अब कभी

फीकी नमूद–ए–सुबह से, रंगत है शाम की
भड़की है दिल में आग, ये क्यों इन्तिक़ाम की

निकला ना दण्ड भेद से कुछ काम देख लो
पण्डित हो साम दाम के अहकाम देख लो

इबरत निगर हो, जंग का अंजाम देख लो
भिजवा के, अमन–ओ–सुलह का, पैग़ाम देख लो

मुँह फेर ये रावने–ख़ुद–काम ने कहा

रावण : होना था जो, सो हो लिया, अच्छा हो या बुरा
तशख़ीस भी दुरुस्त है तजवीज़ भी बजा

क्या कीजिए, इलाज का मौसम गुज़र गया
क़िस्मत में क्या लिखा है किसी को ख़बर नहीं

बाक़ी फ़िराक़–ए–नूर–ए–नज़र में, नज़र नहीं
दुनिया में जावेदाँ है, तो रावण का नाम है

छूता है पाँव, काल भी अपना गुलाम है
छतरानियों को, शस्त्र सज़ाने से काम है

बदला लिया ना आज, तो जीना हराम है
बे–दस्त–ओ–पा भी हाथ, दम 'ए' जंग देखना

करते हैं कैसे राम को, चौ रंग देखना
पहले मनायें ख़ैर, ख़ुद अपनी जान की

किस मुँह से कर रहे हैं, तमन्ना–ए–जान–की
छिड़का है चुटकियों से नमक, छेद कर जिगर

आये गा एक हाथ में, नेज़े पे उड़ के सर
पानी अगर है तेग़ में, लायेंगे काट कर

डाला गया है हाथ, जो अबला की नाक पर
ये तो बताओ तुम कि किधर से हुई है छेड़?

आये पयाम–ए–सुलहा, जिधर से हुई है छेड़
पर्बत को उँगलियों पे, नचाना मुहाल है

दस्त–ए–क़ज़ा से, जान छुड़ाना मुहाल है
गुज़रे हुए को, फेर के लाना मुहाल है

पीछे क़दम, बढ़ा के, हटाना मुहाल है
खाये हैं इतने जख़्म, गिनाना मुहाल है
मरने के इश्तियाक़ में, जीना वबाल है

क़िस्सागो : यूँ ज़िन्दगी से रूठ के, लंकेश चल दिया
बिछ–बिछ के ख़ुद–सरों ने पयाम–ए–अजल दिया

××× ××× ×××

क़िस्सागो : लंका पति को दूर से देखा, जो राम ने
उड़ती हुई सी गर्द, नज़र आयी सामने

उठे तड़प के, सूरत–ए–अबरे–रवाँ चले
लछमण के साथ, जानिब–ए–नंग–ए–ज़माँ चले

पैहम सरे–अदू पे चले, बेशुमार तीर
होते थे एक तीर से पैदा, हज़ार तीर

छाये फ़िज़ा पे, सूरत–ए–अब्र–ओ–गुबार तीर
काँटे की तरह, जिस्म से थे, आर–पार तीर

दम–ख़म से रू–सियाह के, कट–कट गयी अजल
पाया जो रास्ता न कहीं, हट गयी अजल

दस में से एक सर ना घटा क़ील–ओ–क़ाल से
जी सैर हो चुका था, जदाल–ओ–क़िताल से

कटने लगी थी तेग़ भी, टकरा के ढाल से
रावन को ख़ौफ़ नाम को भी, था ना काल से

कहते थे राम–राम जो गिरते थे कट के सर
गिरता था इक इधर, तो उभरता था इक उधर

अमृत भरा हुआ था, सितमगर की नाफ़ में
आब–ए–बक़ा की नहर थी, दामाने–क़ाफ़ में

नागाह इक तीर, लगा आ के नाफ़ पर
दोहरी हुई थी, टूट के टूटी हुई कमर

लुढ़का ज़मीं पे, मौत ने दी दावत–ए–सक़र
हाथों पे बढ़के रोक लिया, राम ने मगर

आग़ोश में सुला के, उसे राम कर लिया
दी वो जज़ा कि बन्दा–ए–बे–दाम कर लिया

××× ××× ×××

लंका का राज पाट, विभीषण को सौंप कर
उड़ते हुए फ़िज़ाओं में, पुष्पक विमान पर

रघुबर जती सती को, ले आये अपने घर
ठण्डा था उनको देख के, माताओं का जिगर

चौदह बरस के बाद, चिरागाँ अवध में था
फिर चौदहवीं का चाँद, दरखशाँ अवध में था

××× ××× ×××

गीत : अवध में जीतकर लंकेश को, अब राम आये हैं
तो घर–घर जश्न, भारत वर्ष में सबने मनाये हैं

मकान अपने सजा कर, आईना–ख़ाने बनाये हैं
वफ़ूर–ए–शादमानी से, दिये घी के जलाये हैं

इस दीवाली की, शब–ए–तारीक का आलम निराला है
तजल्ली ने सरापा नूर के साँचे में ढाला है

मुबारक लक्ष्मी पूजा, मुबारक दीप माला है
चराग़ों की ज़िया बारी से घर–घर में उजाला है

यही वो रात है जलवों का सामाँ, जिसमें होता है
यही वो रात है जश्न–ए–चिराग़ाँ, जिसमें होता है

यही वो रात है रोशन शबिस्ताँ, जिसमें होता है
यही वो रात है आलम फ़रोज़ाँ, जिसमें होता है

यही वो रात है, ज़ीनत है जो आईना–ख़ानों की
यही वो रात है, कुंजी है दर बस्ता ख़जानों की

यही वो रात है, क़िस्मत जगाती है मकानों की
ज़मीं पर खींच लाती है, तजल्ली आसमानों की

यही वो रात है, जो यादगार–ए–फ़तहे–लंका है
यही वो रात है, हर साल बजता जिसका डंका है

सुनहरे कारनामों की, इसी से याद ताज़ा है
ये शब मुजस्सम अज़मत–ए–रफ़्ता का नक़्शा है

फ़ुतूहाते सलफ़ का, रूह–परवर एक नज़ारा है
कि ये त्योहार का त्योहार है, जलवे का जलवा है

प्रस्तुतीय आभार

जे.पी. कर्दम (लेखक)
प्रवीण दामले (फ़िल्म निर्देशक)
राहिब मैत्रेय (लेखक)
संजीव कुमार सहदेव (पत्रकार)
मो. राशिद (कलाकार)
सैयद जावेद नईम (लेखक)
शाहिद हुसैन रिज़वी (कलाकार)

❑❑